Jean-Baptiste Delacour:
Aus dem Jenseits zurück

Berichte von Totgeglaubten

Vollständige Taschenbuchausgabe
Droemersche Verlagsanstalt Th. Knaur Nachf., München
Lizenzausgabe mit freundlicher Genehmigung
des Econ Verlags, Düsseldorf und Wien
Copyright © 1973 by Econ Verlag, Düsseldorf und Wien
Umschlaggestaltung Christel Aumann
Satz IBV Lichtsatz KG, Berlin
Druck und Bindung Ebner Ulm
Printed in Germany   8   7   6   5
ISBN 3-426-04103-0

Esoterik

Herausgegeben von Gerhard Riemann

Jean-Baptiste Delacour, geboren 1904, veröffentlicht seit 1938 Bücher zu parapsychologischen Themen, die ihn in Europa und Asien bekannt gemacht haben. Im Laufe eines halben Jahrhunderts sammelte er seine Erfahrungen in allen Teilen der Welt. Vor allem in England und Frankreich kam er mit bedeutenden Persönlichkeiten auf dem Gebiet der Parapsychologie in Kontakt.

Professor Dr. Dr. Andreas Resch, der Verfasser des Vorworts, ist der Schriftleiter der bekannten parapsychologischen Zeitschrift *Grenzgebiete der Wissenschaft* (Maximilianstr. 8, A-6010 Innsbruck). Er ist weit über Europas Grenzen hinaus bekannt durch seine Forschungsarbeiten auf dem Gebiet der Paranormologie, wie er die Parapsychologie in seiner Interpretation bezeichnet.

Inhalt

Vorwort

»Aus dem Jenseits zurück«. Das klingt für einen Wissenschaftler wie eine utopische Aussage ganz fern von jeder Wirklichkeit. Doch wo liegen eigentlich die Grenzen des Wirklichen? Diese entscheidende Frage verstrickt sich in den folgenden Berichten über »klinisch Tote« bis zur grundsätzlichen Frage nach dem Überleben des Todes. Dabei handelt es sich bei diesen Berichten weder um wissenschaftliche Untersuchungen noch um nahtloses Tatsachenmaterial, sondern ganz einfach um gestaltete menschliche Erfahrung in der Dämmerung des Todes.

Wie sehr sich gerade im Todesbereich die Grenzen des Wirklichen weiten, konnte ich unlängst mit schärfster Beobachtung erfahren, als mein treuer Freund, Wolfdieter Th., in vollstem Jugendalter aus der sprühenden Wirklichkeit seiner wissenschaftlichen Arbeit in ein viertägiges bewußtloses Todesringen gerissen wurde. Drei Nächte stand ich an seinem Bett. Die Ärzte kamen und gingen. Wer sonst viel zu sagen wußte und die Wirklichkeit voll zu kennen meinte, wurde beklemmend schweigsam und verließ lautlos das Sterbezimmer. Wolfdieter Th. lebte und war doch für niemand mehr erreichbar. So stellte ich mir die Frage, was ist *seine* Wirklichkeit, daß ich ihn nicht mehr erreichen kann?

All die hohen Theorien von Tiefenseele und Unbewußtem verblaßten wie der Schatten im Sonnenschein. Weder ich noch sonst ein Wissenschaftler konnten die Antwort geben. Um nicht als Flüchtling vor mir selber zu erscheinen, stelle ich mich ganz offen dieser wissenschaftlich unbeantworteten Frage. Sie ist die gewaltigste Wirklichkeit. Man kann sie nicht beweisen, sondern nur erleben.

Daher sind auch die folgenden Berichte keine Beweise, sondern Beschreibungen menschlicher Lebenserfahrung jener Wirklichkeit, von der alles Leben gekennzeichnet ist, nämlich vom undurchschaubaren Antlitz des Todes.

A. Resch

Ein notwendiges Geleitwort

Die dunkle Schwelle zwischen Sein und scheinbarem Nichtmehrsein, die Klippe, an der das Leben strandet und ein anderes Schiff zu einer neuen Fahrt in das Unbekannte abstößt, hat seit Urzeiten das Verlangen in den Menschen ausgelöst, mehr darüber zu wissen, was hinter dieser Schwelle zwischen Diesseits und Jenseits liegen könnte. Es war und ist das Suchen nach eindeutigen Beweisen und klaren Antworten, die keine zweite Frage mehr nötig machen. In unserer Zivilisation wird versucht, das Sterben aus dem Bewußtsein des Menschen zu verdrängen. Und doch beschäftigt sich irgendwann jeder mit diesem Problem.

Noch gibt es keine abschließende Feststellung der Wissenschaft, die besagt, daß mit dem Tod des Menschen »alles« vorbei sei; ebensowenig kann man das Vorhandensein eines Etwas, das nach dem Tod trotz des körperlichen Verfalls weiterlebt, eindeutig und ohne Zuhilfenahme des Glaubens beweisen. So taumelt der Suchende zwischen den unzureichenden Erkenntnissen der Wissenschaft und den mannigfachen Auffassungen der alten und neueren Weltreligionen. Er hält Ausschau nach jedem Lichtstrahl, der aus der Finsternis dringt, nach jedem Beweis, der ihm verrät, daß irgend etwas in uns den Tod überdauert und wie sich ein Weiterleben des Überdauernden gestalten könnte.

Schwankende Planken von Brücken, deren Ende niemand sieht und kennt, schwimmende Wrackstücke, die aus unklaren Tiefen emporsteigen, Fata Morganen, in denen sich leuchtende Bilder hoffender Phantasie mit Angstträumen kranker Seelen verschwistern – all das haben wir Stein für Stein zu einem Mosaik zusammengetragen. Denn es gab und gibt Menschen, die auf der Schwelle standen, die versichern und für sich, d. h. für ihre Person, überzeugt sind, drüben in einem anderen Sein gewesen und wieder zurückgekehrt zu sein. Brachten sie Gewißheit mit für sich und für alle unter uns, die es nicht für sinnlos halten, sich allen Bedenken zum Trotz mit diesem ungelösten Problem zu befassen?

Wir werden Wort für Wort wiedergeben, was sie von ihren unvergeßlichen Erlebnissen auf der anderen Seite erzählten. Jeder kann prüfen und seinen Standpunkt beziehen: der kritische Leser, der mißtrauische Psychologe, der nüchterne Biologe und der eiskalte Verneiner aus Prinzip. Nur sollte es sich keiner so einfach machen und alles abtun, was aus einer anderen Welt berichtet werden kann und was die klügsten Köpfe aller Zeiten beschäftigt hat.

Wer möchte schon die fehlerlose Auslese treffen zwischen Wirklichkeit und dem flackernden Zucken eines Geistes, der sich an das Diesseits klammert – zwischen tatsächlichem Erleben und den Wunschgebilden eines Sterbenden – zwischen wahrer Begebenheit und den Halluzinationen eines klinisch Toten, dessen Gehirn vielleicht schon gewissen physiologischen Veränderungen unterworfen war, bevor ein Zufall oder die ärztliche Kunst, die hier Schicksal spielte, ihn noch einmal zurückholte. Es ist nicht unmöglich, das Gehirn nach dem Jenseits oder nach dem, was manche so bezeichnen, zu befragen. Das Gehirn lebt anders und länger, als die Wissenschaft bisher glaubte.

Schon vor einiger Zeit waren Zweifel an der frühen Unwiderruflichkeit des intravitalen Hirntodes wach geworden. Den Tod rückgängig zu machen – das war ein uralter Wunschtraum der Menschheit. Die Experimente des Kölner Universitätsdozenten Dr. Konstantin Hossmann, der mit Prof. Dr. Klaus Zülch, dem Leiter des Max-Planck-Instituts für Gehirnforschung in Köln-Merheim, zusammenarbeitet, haben ergeben, daß in Hirnzellen, bei denen die Blutzufuhr eine Stunde oder sogar länger unterbrochen war, bestimmte Lebensäußerungen wieder erweckt werden können. Wir werden ausführlich an anderer Stelle auf diese Experimente zurückkommen. Die Ergebnisse stehen im Widerspruch zu der bisherigen Auffassung, daß eine Blutleere von nur 8–10 Minuten zu nicht wiedergutzumachenden Schädigungen des Gehirns führt. Bisher räumte man nur Möglichkeiten ein, durch Maßnahmen der modernen Wiederbelebungsmedizin beim plötzlichen Tod (als Folge eines Unfalls oder einer akuten Krankheit) unter Umständen auch nach längerer Zeit den Kreislauf und die Atmung wieder in Gang zu setzen; aber die Gehirnzellen waren – so versicherte man – unwiderruflich ausgeschaltet, der »intravitale Hirntod« bereits eingetreten.

Eine experimentelle Arbeitsgruppe unter Dr. Konstantin Hossmann stellte nun unter methodisch recht komplizierten Versuchsanordnungen (erst an Tieren) Forschungen darüber an, welche strukturellen und funktionellen Veränderungen des Gehirns auftreten, wenn die zerebrale Blutzufuhr für länger als zehn Minuten unterbrochen wird. Dabei stellte man fest, daß die Zellen des Gehirns sehr viel später irreversibel geschädigt werden, als man bisher annahm – und noch nach einer Stunde und mehr auf eine Wiederherstellung der Blutzufuhr positiv reagieren.

Offenbar werden durch die Blutleere nach wenigen Minuten Veränderungen an den Hirngefäßen ausgelöst, die zu einer hochgradigen Verengung führen. Selbst wenn z. B. der Herzstillstand als primäre Ursache der unterbrochenen Blutzufuhr behoben wird, kann also das Gehirn als Folge der Gefäßverengung nicht wieder versorgt werden. Dr. Konstantin Hossmann und seine Mitarbeiter konnten nun mit instrumentell hervorragend ausgedachten Experimenten diese Gefäßverengungen reduzieren. Daraus ergibt sich dann eine Wiederbelebung der Hirnfunktionen.

Was experimentell und instrumentell im Max-Planck-Institut für Gehirnforschung in Köln-Merheim geleistet wurde, kann von der Natur unter gewissen Voraussetzungen »erfolgreich eingeleitet« werden und zu einer Wiederbelebung eines Menschen führen, den man klinisch bereits für tot bezeichnete.

Somit sind das, was manche von denen, die »drüben« gewesen sein wollen, Aussagen, nicht nachher erfunden, nicht erdacht, sondern zum mindesten ein Erlebnis ihres Gehirns oder ihres »Ichs«, das in der Zeit des klinischen Todes auf einer seltsamen Reise war.

Viele von denen, die von sich behaupten, sie seien »drüben« gewesen, sprechen nicht. Dürfen sie nicht reden? Oder fehlen ihnen Begriffe und Worte für ihr Wissen um etwas vielleicht Unaussprechliches?

Wir werden mit jenen, die den Versuch machen, ihre Erlebnisse in Worte zu fassen, über einen schmalen Grat wandeln – hoch über dem Sein oder tief unter dem Leben in einer bodenlosen Wesenlosigkeit. Dunkle Tiefen und lichte Höhen, Diesseits und Jenseits, Ferne und Nähe werden eins, haben keine Grenzen, keine Zeit und kein Ende.

Der Suchende, der diese Berichte liest, wird für seinen Fuß hier und da tastend einen Halt finden und vielleicht einen Weg in seinem Streben nach Erkenntnis. Wissen, das er aus dem zu gewinnen glaubt, was jene zu sagen haben, die vom Schicksal dazu ausersehen wurden, auf dem schmalen Grat zwar zu straucheln, um dann doch in dieser Welt zu verbleiben – zurück aus dem Jenseits.

Wir standen einmal in einer Kleinstadt in Süddeutschland auf einem Friedhof vor einem Grabstein, auf den ein einfacher Mann, von dem nur der Name, das Geburts- und das Sterbedatum erhalten waren, in kluger Vorausdisposition in seinem Testament einmeißeln ließ:

»Jetzt weiß ich mehr als die Klügsten unter Euch!«

Schlägt das, was wir aus den Berichten der klinisch Toten festgehalten haben, hier eine Bresche?

Der Philosoph und Mathematiker Pythagoras sagte einmal: »Die Seele des Menschen ist in drei Teile geteilt: Intelligenz, Vernunft und Leidenschaft. Auch Tiere besitzen Intelligenz und Leidenschaft, der Mensch allein Vernunft. Vernunft ist unsterblich, alles andere sterblich.«

Wollen wir versuchen, mit unserer unsterblichen Vernunft den Schleier zu lüften, der die »andere Welt« vor uns verhüllt?

Der Münchner Philosoph Arnold Metzger schreibt in seiner Monographie »Freiheit und Tod«:

»Der Mensch hat ein Wissen seiner eigenen Existenz, und in ihm übersteigt er den Augenblick, in dem er über die Welt hinausgeht. Das freie Wesen bricht die Macht des Sterbens.«

Damit sind wir tief in jenes Problem eingedrungen, das, wie wir schon sagten, unsere Zivilisation aus dem Bewußtsein des Menschen zu verdrängen sucht. Beruhigen wir uns: In diesem Buch leuchtet am Horizont der Silberstreifen des Lebens. Denn jene, die uns von der anderen Seite erzählen, blieben nicht drüben, sondern kehrten zurück in unser Dasein.

Berichte von Totgeglaubten

Angenommen, wir kehrten ein bis zwei Tage nach unserem Tode in unser Haus zurück, das heißt: nachdem wir das Unendlichkeits- und Ewigkeitsbad genommen haben, das alles Kleine an uns, allen Schmutz weggewaschen hat. Nachdem wir erkannt haben, daß für uns jenseits des undurchdringlichen Walles nichts zu befürchten ist, wem von uns würde wohl daran liegen, sein Leben in der lieben, schmutzigen Wohnung wiederaufzunehmen?

Maurice Maeterlinck (1862–1949)

1

Menschen auf der Schwelle

»Haben Sie mich zurückgerufen?«
Starrkrampf oder Totenstarre?
König Paul von Griechenland fand »die Wahrheit«

Zum drittenmal hatte man an der Wohnungstür von Mrs. Francis Leslie in Neuilly bei Paris an diesem Morgen geklopft. Keine Antwort. Und man wußte doch, daß sie da war. Es mußte etwas passiert sein. Als man die Tür mit Gewalt öffnete, fand man Mrs. Francis Leslie leblos auf dem Teppich des Eßzimmers.
Tot! Ohne jeden Zweifel tot!
Aber – sie war Amerikanerin. Man zog es deshalb vor, sie in das nahe gelegene Amerikanische Hospital von Neuilly zu überführen, um dort die Ursache des plötzlichen Todes feststellen zu lassen. Man beeilte sich nicht mit der Untersuchung der Toten. Gegen Mittag hatte man für eine Obduktion mehr Zeit. Doch als der Arzt, der mit dieser Aufgabe betraut war, den Körper berührte, bemerkte er, daß die Temperatur der Toten ungewöhnlich hoch war. Schließlich gibt es ganz bestimmte Gesetze für den Fall der Temperatur – speziell bei Herzversagen –, für das Eintreten der Leichenstarre und ähnlicher Symptome, die für die Feststellung eines Todesfalles unerläßlich sind.
Der Arzt rief deshalb zwei Internisten, hervorragende Herzspezialisten des Hospitals, herbei. Die drei Männer schauten einander an und hatten sich verstanden. Man wußte nicht, ob in diesem Fall die phantastische Intervention, dieser seltsame Eingriff in den Körper eines scheinbar schon toten Menschen, Erfolg haben würde. Aber man mußte es eben versuchen.
Keiner der Beteiligten würde darüber sprechen. War es ein Fehlschlag, dann blieb nur der Zustand offiziell festzustellen, der sowieso schon aus

der ersten Voruntersuchung registriert worden war. Aber man wollte nichts unterlassen. Es ging um ein Menschenleben.

Geschickte Hände stießen, nachdem die Leblose über den Röntgenschirm gebettet worden war, die Nadel mit der den Herzschlag anregenden Adrenalininjektion an der richtigen Stelle in den in Frage kommenden Nervenknoten und durch diesen hindurch in die Herzkammer hinein.

Man wartete...

Es war ein langes und erregendes Warten. Man wiederholte die Injektion mit einer stärkeren Dosis. Und dann auf einmal war das Resultat da, auf das man – wenn auch mit den stärksten Zweifeln – gehofft hatte.

Das tote Herz begann zu schlagen. Erst ganz schwach, ganz langsam, dann immer schneller, dann mit einer rasenden Geschwindigkeit, so wild, so verzweifelt, als ob ein Motor aus sich das letzte herausholen wollte. Dann beruhigte sich das Herz und pochte so regelmäßig, wie die meisten von uns in stillen Nächten dem eigenen Herzschlag lauschen können.

Es dauerte noch eine halbe Stunde. Dann auf einmal öffnete die Frau, für die schon ein französischer Arzt einen ersten Totenschein ausgestellt hatte, die Augen. Sie schaute von einem der drei sich über sie beugenden Männer zum anderen. Man beobachtete, wie sie eine gewaltige Anstrengung machte, um ihre Gedanken wie aus weiter Ferne zusammenzuholen und auf einen Punkt zu konzentrieren.

Wo war sie? Was war inzwischen gewesen?

Wie lange hatte dieses »Inzwischen« gedauert?

Was sollte jetzt mit ihr geschehen?

Die drei Männer sagten nichts, sondern warteten, daß sie frage. Schließlich standen sie alle drei zum erstenmal vor einem Lebewesen, das bereits tot war und dann zurückkehrte.

»Ich war sehr weit fort. Haben Sie mich zurückgerufen?«

Die drei Ärzte wußten nicht, was sie antworten sollten. Sie hatten lediglich ein Experiment gemacht. Und zurückgerufen? Woher zurückgerufen? Wo war sie denn gewesen?

Sie schloß ihre Augen und schien noch immer damit beschäftigt zu sein, ihre Gedanken zu ordnen. Zwei der Ärzte wurden abberufen. Sie ließen nur einen Kollegen zur Überwachung der Kranken zurück.

»Hören Sie mich? Geben Sie mir Ihre Hand! Ich muß fühlen, daß in Ihnen Leben ist. Denn ich erinnere mich, daß ich irgendwo gewesen bin, wo kein Leben war. Oder ein anderes Leben...«

Der junge Arzt, dem die Kranke anvertraut blieb, preßte ihre wachsbleiche kühle Hand zwischen seine warmen, lebensvollen Hände.

»Waren Sie wirklich dort? Erzählen Sie – wenn es Sie nicht zu sehr ermüdet. Sprechen Sie...«

Und dann berichtete Francis Leslie das, was sie auf der anderen Seite erlebt hatte:

»Wie es eigentlich gekommen ist, weiß ich nicht mehr. Auf einmal hörte ich ein ganz feines und hohes Summen. Oder waren es die Farben, die um mich herum waren, die diese Töne ausstrahlten? Ich schwebte in einem langen Schacht, der erst ganz eng schien und dann immer weiter wurde – immer weiter und dessen Farben leuchtender und strahlender schienen –, je mehr ich in diesem Gang vorwärts schwebte.

Ich weiß, daß über mir ein dunkles Rot war und vor mir ein schwarzes Blau, das aber, je höher ich den Blick richtete, immer heller wurde. Meine Füße – nein, ich habe ja gar keinen Körper mehr gehabt. Oder doch? Ich hatte irgendeine Gestalt, an die ich mich aber nicht mehr genau erinnern kann.

Wenn ich Ihnen jetzt sagen soll, ob ich in jenem Tunnel, in jenem Schacht, oben und unten hätte unterscheiden können, dann weiß ich es auf einmal nicht mehr.

Jedenfalls bewegte ich mich oder das, was von mir Gestalt angenommen hatte und schweben konnte, in dem Tunnel vorwärts. Diese Schwerelosigkeit war wundervoll.

Ich hörte aus weiter Ferne eine Stimme. Das war nicht mehr das Singen und Summen der Farben, sondern diese Stimme nannte einen Namen. Ich kannte diese Stimme, und ich weiß auch, daß ich überlegte, wem diese Stimme wohl gehörte.

Als ich durch diesen Tunnel schwebte, fiel es mir nicht ein. Aber jetzt weiß ich es. Es war die Stimme eines Menschen, der vor vielen Jahren starb und an den ich oft gedacht habe. Ich hörte dann auch Schritte, so als ob jemand durch einen großen Tunnel ginge und laut aufträte. Die Schritte hallten hinter mir wider. Ich hatte Eile vorwärts zu kommen, denn ich wollte den finden, der nach mir rief. Ich mußte ihn irgendwo dort, wo das dunkle Blau aus der Öffnung dieses unheimlichen Trichters mir entgegenwuchs, suchen. Das wußte ich noch.

Ich trieb mich selbst zur Eile an. Das Summen wurde schöner und heller. Auch die Farben wurden klarer und schienen wie in einem bunten Spiel von tausend Nuancen ineinander überzugehen und sich dann wieder wie ein Strauß auseinanderzufalten, und jede Farbe hatte einen Ton. Und all diese Farben und Töne zusammen ergaben eine wundervolle Musik, die mich erfüllte und die mich vorwärts zog – mit einem Gefühl nie geahnter Wonne –, der Stimme entgegen, die nach mir rief...

Und dann auf einmal fühlte ich, wie jemand nach mir griff. Ich konnte nicht mehr vorwärts. Meine Füße – aber ich hatte ja gar keinen Körper –, jedenfalls das, was von mir da war und jenem Licht entgegenschwang, kam nicht mehr vom Fleck.

Ich suchte diese Hand, die mich von rückwärts faßte, zu überwinden. Aber wie soll man eine Hand zurückstoßen, wenn man selbst keinen Körper mehr hat und diese Hand einen doch greifen kann...

Ich fühlte mitten in den Empfindungen der Wonne einen Schmerz, der durch mich hindurchging.

Wenn ich jetzt nachdenke und überlege, daß ich doch gar nicht körperlich war und gar kein Gehirn hatte, dann weiß ich nicht, weshalb ich das Empfinden zu haben vermochte, als ob man mir eine große stählerne Nadel oben durch den Kopf hineinstoße, senkrecht durch mich hindurch, als ob man mich in zwei Teile zerspalten wollte.

Der Schmerz wuchs, während sich die Hand immer härter um mich legte und die Farben vor mir dunkler wurden. Sie verblaßten und hatten keine Töne mehr. Und der Trichter, der Tunnel, aus dessen Enge ich mich dem großen Ausgang entgegengearbeitet hatte, wurde wieder schmal um mich, so eng und so klein, daß ich mich auf einmal fürchtete.

Über alle Angst war ich doch schon längst hinaus gewesen. Und nun hatte ich Angst und zitterte. Ich fühlte plötzlich, daß ich wieder körperlich wurde. Die Hand ließ mich nicht mehr los. Ein stahlharter Griff lag um meinen Nacken. So zog mich die eiserne Hand zurück – immer weiter – in ein tiefes Dunkel hinein, das zuerst dunkelrot schien, dann aber schwarz wurde – so schwarz, wie nur die ewige Nacht sein kann.

Und dann war ich hier. Ich hörte Sie sprechen und war eigentlich sehr traurig, daß die eiserne Hand mich zurückgeholt hatte. Aber Sie werden das alles nicht verstehen...«

Francis Leslie sprach nicht mehr weiter. Sie schloß ihre Augen.

»Ich hätte diese Dinge nicht erwähnen dürfen, nie darüber sprechen sollen. Bin ich sehr krank? Muß ich hier bleiben?«

»Sie sind nicht krank. Wir wissen noch nicht einmal, was eigentlich zu Ihrer Ohnmacht geführt hat. Denn es war wohl nichts anderes als eine Ohnmacht, mit Starrkrampferscheinungen« – versuchte der Arzt die schöne Frau zu beruhigen.

»Das war keine Ohnmacht! Das war viel mehr. Ich war auf der anderen Seite. Ganz bestimmt. Und bemühen Sie sich nicht zu sehr um mich. Können Sie verstehen, daß ich es eilig habe, wieder dorthin zu gelangen, von wo mich die eiserne Hand zurückkriß?«

Der junge Arzt antwortete nicht. Aber er merkte sich jedes Wort, um den beiden Herzspezialisten nachher einen genauen Bericht zu übergeben.

Zwölf Stunden – genau zwölf Stunden lebte Francis Leslie noch. Dann starb sie zum zweitenmal und konnte nicht mehr erweckt werden. Die Obduktion ergab eine Herzkrankheit, die ein Herzversagen zur Folge hatte.

»Aber die Bereitwilligkeit zum Tode war maßgebend für das Ende dieser Frau. Sie wollte sterben, vielleicht weil sie um jemanden trauerte, der vor ihr dahingegangen war.«

»Und diese Darstellung, die sie gab? Diese Schilderung dessen, was sie – wie sie sagte – drüben erlebt hat?«

Prof. A. Winstel blätterte in dem Bericht, den der junge Arzt mit Sorgfalt zusammengestellt hatte.

»Interessant – sehr interessant. Aber gleichzeitig nach meiner Ansicht ein Beweis dafür, daß die erste Todeserklärung zu Unrecht erfolgt war. Mrs. Francis Leslie war noch nicht tot. Sie befand sich – bei einer ungewöhnlich weitgehenden Herabsetzung der Herztätigkeit – in einem Zustand, der einen Starrkrampf auslöste, welcher scheinbar der Totenstarre glich. Schade, daß wir, als die Tote – ich wollte sagen, die Bewußtlose – hier eingeliefert wurde, nicht sofort zur Untersuchung schritten. Wir hätten festgestellt, daß die untere Kinnlade, bei der doch die Totenstarre unweigerlich anfängt, nicht in dem Maße in Mitleidenschaft gezogen war, wie es sonst der Fall ist. Sonst hätte sie, als sie aus der Starre erwachte, nicht so schnell sprechen können. Denn Sie wissen ja: die Totenstarre fängt an der unteren Kinnlade an, erfaßt dann den Nacken, den Rumpf, die Gliedmaßen und verschwindet auch in der umgekehrten Folge – also ausklingend bei der unteren Kinnlade.

Sie erwähnen in Ihrem Bericht die auffallend schönen Farben und die Töne, von denen sie sprach. Es ist eine bekannte Erscheinung, daß der Augenreiz und der Gehörreiz sich auch im Innern des Gehirns entwickeln können – also ohne äußeren Anlaß. Wenn nun durch eine Störung in der Blutzirkulation, durch eine Herabsetzung der Herztätigkeit und eine Verminderung der Sauerstoffzufuhr zum Gehirn nicht mehr normale Zustände im Bereich des Gehörsinns und des Augensinns herrschten, dann war es ohne weiteres möglich, daß die in einer tiefen Ohnmacht liegende Frau Farben und Geräusche wahrnahm, die sich aus der veränderten Versorgung der Gehirnzellen mit Sauerstoff erklären lassen.

Wir müssen uns natürlich darüber im klaren sein: die herabgesetzte Herztätigkeit hätte gewissermaßen zu einer Erstickung des Gehirns geführt. Und darauf wäre der Tod gefolgt, wenn wir nicht das Adrenalinexperiment gemacht hätten. Aber wir mußten es versuchen, weil doch schließlich die Möglichkeit bestand, das Leben in dieser Frau wieder so zu aktivieren, daß der tote Punkt – tot im doppelten Sinne – hätte überwunden werden können.«

»Aber dieses Schweben, dieses Getragensein, diese Leichtigkeit in allem ...«

»Lassen Sie sich doch einmal von Herzkranken die Träume erzählen. Immer wieder fühlen diese Menschen sich aus ihrem eigenen Körper herausgelöst. Sie schweben gewissermaßen über sich. Und wenn sie dann Abstand zu dem Körper, der auf der Erde liegt, gewonnen haben, dann stellt sich auch bei ihnen dieses Gefühl ein ...«

»Sie meinen also, daß dieser ganze Fall, daß diese Darstellung von Mrs. Francis Leslie, gar keine echte Schilderung eines Erlebnisses aus dem Jenseits ist?«

»Es ist für einen Arzt, der Tag für Tag Zellfunktionen vor sich hat und überblickt, so schwierig, eine Darstellung für wahr anzunehmen, in der der Körper und die Zelle gar keine Rolle mehr spielen. Wenn es diesen Zustand des ›Jenseits‹ gibt, dann weiß ich nicht, ob man von dort berichten kann...«

»Aber sie hat doch die Stimme gehört, die sie rief. Sie haben vorhin selbst gesagt, daß sie gestorben ist, weil sie nicht mehr leben wollte, weil sie jemandem nachtrauerte...«

Prof. Winstel schaute in den Park hinaus, wo vom Winter entblätterte Bäume ihre Äste in den Himmel hinaufreckten.

»Ich kann nichts anderes sagen. Es handelt sich um eine sehr ausführliche Schilderung eines Übergangs, eines Vorgangs, von dem nur sehr wenige zu berichten wissen, weil hinter ihnen nicht die – wie sagten Sie in Ihrem Bericht –, die eiserne Hand steht, die sie zurückholt – wenngleich nur für Stunden. Es handelt sich um den Übergang von hier, also aus unserer Welt, in eine andere...

Mir fällt gerade ein, daß unter gewissen Umständen nicht nur bei Herzkranken, sondern auch bei Menschen, die Haschisch zu sich nehmen, ähnliche Bilder auftreten. Ebenso soll der Fliegenpilz derartige Illusionen schaffen. Aber es ist immer das gleiche Geschehen. Eine veränderte Blutversorgung im Gehirn wird natürlich oder künstlich herbeigeführt, und dann ergeben sich Bilder und Farben und Töne...«

Prof. Winstel ging rasch aus dem Zimmer.

Er hatte den Bericht, den der Arzt von der letzten Unterredung mit Mrs. Francis Leslie geschrieben hatte, auf dem Tisch zurückgelassen.

Der Arzt blätterte noch einmal darin. Er schüttelte den Kopf.

»Es ist doch mehr als nur die Schilderung des Erlebens einer Sterbenden auf dem Wege vom Leben zum Nichts. Es ist mehr! Als sie mir diese seltsame Begebenheit erzählte, hörte ich aus dem Klang ihrer Stimme, daß es mehr gewesen war.«

Und dann nahm er den Bericht und verschloß ihn unter seinen Papieren dort, wo Aufzeichnungen ruhten, von denen man als Arzt nicht spricht, weil sie sich auf jener Schwelle bewegen, die der eine zu übertreten glaubt und von der der andere – rational und nüchtern – nichts wissen will.

Francis Leslie war in einem langen Tunnel vorwärts geschwebt – dem Licht entgegen.

Bemerkenswert ist die ähnliche Aussage eines Königs, der ebenfalls einen Blick in das Totenreich warf. Königin Friederike von Griechenland verbrachte die letzten Stunden ihres Gemahls an seinem Sterbebett. In ihren Memoiren unter dem Titel »Erfahrungen« hat sie dieses mystische Erlebnis eindrucksvoll geschildert.

In der griechischen Königsfamilie wird man nicht nur den äußeren Formen, dem religiösen Zeremoniell gerecht, sondern man kennt auch das Wesen des Glaubens und die Bedeutung seiner Gesetze. König Paul war von einer echten Frömmigkeit erfüllt und ließ sich weder bei kirchlichen Handlungen noch bei seinen Meditationen stören. Darüber hinaus nahm er seine Pflichten als Schutzherr und Hüter der Kirche mit einem tiefen Verantwortungsbewußtsein wahr.

Als Trost für die Suchenden teilt Königin Friederike ihre Erfahrungen mit, die sie als Geschenk des Himmels bezeichnet, in Augenblicken, da der Verlust dessen, der Mittelpunkt der Familie war, unerträglich schien.

»Am Nachmittag des Mittwochs, des 4. März 1964, ging ich in sein Krankenzimmer und fand Paul mit einem glücklichen Ausdruck in seinem Gesicht. Ich fragte: ›Wie geht es dir?‹

›Ich dachte, ich wäre davongegangen‹, sagte er sanft. ›Ich fühle mich noch immer weit fort. Es braucht seine Zeit, bis man sich daran gewöhnt hat. Ich muß schon ganz auf der anderen Seite gewesen sein.

…Ich hatte eine Vision einer langen dunklen Straße mit einem strahlenden Licht an ihrem Ende. Sie gab einem ein wundervolles Gefühl des Friedens und des Glücks. Es ist ein großer geistiger Aufschwung. Das ist die wirkliche Heilige Kommunion.

…Ja, jetzt verstehe ich alles. Es ist die Wahrheit. Dies ist die wundervollste Zeit unseres Lebens.

…Ich möchte sehr gerne dorthin… Dort gibt es keine Probleme mehr, nur Glück; wenn wir dort sind, kommt alles ins Lot. Dort werden wir frei sein.‹

Mit Pauls letztem Atemzug verlöschte auch die Flamme der Öllampe (vor einer heiligen Ikone von der Insel Tinos), die vor ihm brannte, plötzlich.«

König Paul war einer der vielen unter uns, die während ihres Erdendaseins ganz bewußt nach dem Licht und der Wahrheit suchten. Er zählt aber auch zu denen, die behaupten, nach Überschreiten der geheimnisvollen Schwelle das Ziel vor Augen gehabt zu haben.

Die Sehnsucht nach dem »anderen Land« findet ihren Ausdruck in den ältesten und auch in den neueren Religionen der Völker.

Im Katholizismus gilt der Glaube an die unsterbliche Seele als Dogma: »Wer die Unsterblichkeit der Seele leugnet oder in Zweifel zieht, sei im Banne.« Und immer wieder wird hingewiesen auf den breiten Weg des Verderbens in die äußerste Finsternis und auf den schmalen Pfad zum Paradies in das ewige Leben.

Ist je einer aus dem Jenseits zurückgekehrt?

In der christlichen Religion lautet die Antwort auf diese Frage ganz eindeutig: Ja. Anhand von unverfälschten Zeitdokumenten wird nicht nur die historische Existenz Christi bewiesen. Die Sammlungen von Geschehnissen und Episoden aus seinem Leben, seiner Lehren und seiner Verkündigungen, die von den vier Aposteln Johannes, Matthäus, Lukas und Markus als Evangelien herausgegeben wurden, werden als zuverlässig und authentisch bezeichnet.

Es wird von vielen Wundern berichtet, von denen die Auferstehung nach dem Tod am Kreuze als das größte erscheint. Jesus war gestorben – diese Tatsache wurde Pilatus vom Hauptmann der Kohorte bestätigt (Markus 15.44). Wir lesen weiter in den Evangelien, daß drei Tage später das Grab leer war und Christus von einer Anzahl von Personen wahrgenommen wurde. Vierzig Tage nach der Auferstehung ist mit der Schilderung der Himmelfahrt dann dem Erdendasein der größten geschichtlichen Persönlichkeit ein Ende gesetzt (Lukas 24.50).

War die Wiederkehr Christi aus dem Jenseits eine Erfindung seiner Anhänger? Waren seine Offenbarungen nichts weiter als leere Phantasiegebilde, wie auch seine Jenseitsdarstellungen von Himmel und Hölle, wobei man feststellen muß, daß die »äußerste Finsternis« nicht wörtlich von ihm, sondern erst von strengen Priestern des Mittelalters als unbefristet, gewissermaßen als ewiger Aufenthaltsort bezeichnet wurde.

Bei einem Phänomen machen es sich viele Menschen leicht, indem sie es mit den Begriffen Betrug und Schwindel abtun und von sich weisen. Im Verlauf der folgenden Aufzeichnungen läßt sich jedoch hier und da eine seltsame Parallele zu den Lehren der Weltreligionen ziehen.

Nicht die Dinge selbst beunruhigen den Menschen, sondern ihre Vorstellungen von den Dingen. So ist zum Beispiel der Tod nichts Furchtbares, sonst hätte er auch dem Sokrates furchtbar erscheinen müssen. Nein, die Vorstellung vom Tode, er sei etwas Furchtbares, ist das Furchtbare.

Epiktet

2

Der falsche Tod

Aus der Grube der Hingerichteten geholt
Schüsse durch Herz und Kopf
Gegenschock nach dem Stromtod

»Ich war zuletzt ganz ruhig gewesen. Ich wußte ja doch, daß nichts mehr zu ändern war. Neben mir hatte jemand in einem plötzlichen aufflackernden Lebenswillen zu toben begonnen und mit den Armen und Beinen um sich geschlagen und...

Es hatte nichts genutzt. Er kam an den Pfahl genau wie ich.

Und dann haben sie auf uns geschossen. Ich hatte die Augen geschlossen und wußte, daß es gleich vorbei sein würde.

Dann bekam ich einen – Stoß gegen die Brust. Ich habe den Schuß – oder die Schüsse – gar nicht gehört. Vielleicht war die Kugel schneller als der Schall. Jedenfalls ich bekam nur einen Stoß und wunderte mich, daß ich keinen Schmerz fühlte.

Ich hatte eine Binde vor den Augen und außerdem die Lider geschlossen. Natürlich war alles dunkel um mich her.

Ich fühlte, wie ich von innen her auf einmal ganz weich wurde. Ich sank wohl zusammen.

Aber ich hatte weder Angst noch Schmerzen. Ich empfand nur die Dunkelheit beruhigend und dieses Gefühl des Weichwerdens wie eine Erlösung.

Und dann spürte ich noch einen Schlag gegen den Kopf – genauso einen Stoß, wie ich ihn vorher gegen die Brust bekommen hatte. Ich wollte eben noch zu mir selbst sagen, das sei wohl der Gnadenschuß gewesen. Aber wenn ich mir's recht überlege, dann habe ich diesen Gedanken nicht mehr zu Ende gebracht.

Es war aus. Ganz und gar aus.

Was ich sonst noch fühlte? Das ist sehr merkwürdig. Nachdem es also aus war, nachdem ich den Schlag gegen den Kopf bekommen hatte, nachdem eine ganze Zeit überhaupt nichts war, empfand ich plötzlich, daß ich in einem Fahrstuhl, jedenfalls in einer ganz engen Röhre saß und in rasender Fahrt nach unten jagte. Aber nicht immer nach unten. Auf einmal glitt ich zur Seite – genauso schnell zur Seite, erst nach links, dann nach rechts – dann nach oben. Aber zum Schluß immer wieder nach unten.

Mir wurde auf dieser Fahrt merkwürdig heiß. Ich erinnere mich noch, daß ich irgendwie eine wohlige Wärme empfand. Wie ich das fühlte und wie ich gedacht habe – weiß ich natürlich nicht.

Jedenfalls sah ich auf einmal eine Gestalt vor mir, die nicht Mann und nicht Frau war, die ein blasses Gesicht hatte und die ich anrief. Sie sollte mir den Weg sagen – diese Gestalt. Aber sie antwortete nicht, weil sie – daran erinnere ich mich erst jetzt – in diesem blassen Gesicht gar keinen Mund hatte. Sie nahm mich an der Hand und führte mich über eine Brücke. Unter der Brücke floß ein dunkelblaues Wasser. Ich wollte unbedingt in dieses Wasser schauen. Aber sie riß mich vorwärts. Oder vielmehr sie zwang mich, mit ihr zu gehen. Ich wußte hier keinen Weg und mußte ihr folgen.

Auf einmal, mitten auf der Brücke, blieb sie stehen, schaute mich an, ließ meine Hand los und ging ganz schnell in anderer Richtung fort. Und ich stand allein auf der Brücke und konnte nicht vorwärts, weil vor mir die Brücke auf einmal zerbrochen war und nicht weiterführte. Ich lief zurück – so schnell ich konnte. Ich beeilte mich, weil die Brücke hinter mir abbröckelte...«

»Welchen Tag haben wir denn heute?«

»Den 17. Januar.«

»Den 17. Januar? Und meine Erschießung sollte doch am 19. November stattfinden... Wo war ich denn die ganze Zeit?«

»Denken Sie noch nicht darüber nach. Es wird Ihnen schon wieder einfallen. Vielleicht haben Sie sich auf jener Brücke aufgehalten, von der Sie erzählen...«

»Wie ist das eigentlich möglich, daß ich noch lebe?«

»Eine Ausnahme, ein Wunder. Aber es gibt solche Fälle. Man hat Sie rechtzeitig aus der Grube der Hingerichteten herausholen können und... irgend etwas an Ihrem Körper fiel uns auf. Da haben wir eine Herznaht gemacht und ganz vorsichtig nach einiger Zeit, als wir die Lebensgeister wieder geweckt hatten, einen Gehirneingriff versucht. Sie haben einfach Glück gehabt...«

»Ein Mensch mit einem Schuß durchs Herz und durch den Kopf kann leben?«

»Sie wären sonst nicht da...«

»Vielleicht war ich schon tot. Vielleicht war dieser Schacht, diese Röhre, durch die ich fuhr, und dann diese Gestalt, die mich über die Brücke führte...«

Der Hingerichtete, der noch oder – wieder lebte, sprach nicht weiter. Es schien ihm alles so unfaßbar, daß er noch da war. Der Arzt an seiner Seite wollte verhindern, daß der Gerettete sich mit seinen Gedanken zu sehr verliere, und erzählte lieber von den technischen Möglichkeiten, die es gestatten, jemanden, der längst hätte tot sein müssen, wieder ins Leben zu rufen.

»Es ist ohne weiteres möglich, daß ein Mensch mit durchbohrtem Herzen noch einen weiten Weg zurücklegt und gewissermaßen allmählich stirbt. Einige klassische Fälle aus der Medizin belegen, daß ein Herzdurchstich oft erst nach Stunden zum Tode führt. Gelingt es, den derartig Verletzten in ein Hospital einzuliefern, ohne daß die Waffe aus dem Herzen herausgezogen wird, ist es noch leichter möglich, das entfliehende Leben zu retten, das sonst mit dem Blut, das sich durch die Stichwunde in den Körper ergießt, nach und nach versickert. Die Herznaht ist eine ganz normale Operation, und Nadelstichwunden im Herzen sind nicht sonderlich gefährlich.

Schußverletzungen sind grundsätzlich schwer, weil das Herz gegen Stöße sehr empfindlich ist. Aber ich habe selbst vor einem Jahr einem Polizisten das Leben retten können, dessen rechte Herzkammer nahe der Spitze durchschossen wurde. Und Sie sind der zweite Fall.«

»Aber das Gehirn! Ein Kopfschuß ist doch...«

»Man hat uns vor Jahren einen Selbstmörder hierher gebracht, der sich fünf Revolvergeschosse in den oberen Bereich der rechten Schläfengegend gejagt hatte. Ein anderer Mann schoß sich zwei Kugeln durch beide Schläfen in der Höhe der Augenbrauen zwischen Auge und Ohr. Die Böden der vorderen Schädelgruben wurden aufgerissen. Aus der Wunde trat sogar Hirngewebe hervor. Und doch wurde dieser Mann gerettet.

Sie sind ein doppeltes Wunder, weil Sie einen Herzschuß und einen Kopfschuß – einen sogenannten Gnadenschuß – überstanden haben.«

»Und Sie meinen, daß ich noch gar nicht richtig tot gewesen sei? Ich muß immer an diese Brücke und diese Gestalt denken und an diesen Schacht, durch den ich hindurchglitt und der so eng war, wo mir so heiß wurde...«

Der Arzt zuckte die Schultern.

»Wir versuchen, Menschen zu retten, in denen noch ein Funken von Leben vorhanden ist. Ob es jemandem gelingt, wenn er schon jenseits des dunklen Vorhangs war, noch einmal zurückzukehren – wer möchte das mit Bestimmtheit behaupten?«

Er war seiner Sache ganz sicher. In dieser Hochspannung konnte kein Strom sein. Er griff nach der Leitung und...

»Es war wie ein Blitzschlag, der durch mein Gehirn ging. Und dann hatte ich das Gefühl, als ob mein Kopf innen mit Watte, mit schwarzer Watte, ausgefüllt wäre. Ich lief dann auf einmal auf schwarzer Watte und sah in meinem Kopf – jawohl, in meinem Kopf – lauter Licht. Und dieses Licht zischte. Ich versuchte, aus dieser schwarzen Watte herauszukommen.

Auf einmal war das Zischen vorbei und das Licht erloschen. Ganz in der Ferne hörte ich jemanden husten und dann einen Menschen lachen. War es wirklich ein Lachen?

Jetzt weiß ich es nicht mehr ganz genau. Es kann auch sein, daß es das Echo von irgend etwas war, was auf die Erde fiel. Aber es war doch gar keine Erde da, nur überall schwarze Watte...

Ich weiß noch etwas. Das fiel mir gerade ein. Als dieses Zucken durch mein Gehirn ging, als ich diesen Blitz in meinem Kopf fühlte, sagte ich zu mir selbst: ›Ich will nicht sterben!‹, denn in dem Augenblick, als der Blitz aufleuchtete, wußte ich, daß ich eine Leitung berührt hatte, die nicht stromlos war. Aber es war alles zur gleichen Zeit: das Gefühl des Blitzes, das Empfinden, im Kopf mit schwarzer Watte ausgefüllt zu sein, und der Gedanke, daß ich eine Leitung berührte, die mich töten würde. Und dennoch wehrte ich mich im nämlichen Augenblick: ›Ich will nicht sterben!‹

Aber dann, als ich in der schwarzen Watte watete, dachte ich gar nichts mehr. Nach einiger Zeit empfand ich die Watte auch nicht mehr als unangenehm. Es war eigentlich schön weich. Wenn man sich nun hinlegte und in dieser Watte schlief?

Als ich mich niederlegen wollte, sah ich, daß ich gar nicht da war. Die schwarze Watte war auch wohl von mir nur erdacht. Ich hatte alles nur gedacht. Und da, wo eben alles schwarz war, schien es jetzt ganz tief orangefarben.

An mehr erinnere ich mich nicht.

Aber wenn ich jetzt hier wieder zurück bin und lebe – dann vermute ich, daß ihr mit mir wohl allerlei Experimente gemacht habt, um mich zurückzuholen, wie?«

John Forth, einer der Maschinenmeister in einem großen New Yorker Elektrizitätswerk, gab den Ärzten, die ihn aus dem Stromtod wieder zum Leben erweckt hatten, die vorstehende Schilderung.

Natürlich hatte man mit ihm alles nur Erdenkliche versucht. Zwölf Stunden wurden ununterbrochen Wiederbelebungsversuche durchgeführt. Gleichzeitig hüllte man den Körper in Decken und Tücher ein, schleppte Wärmflaschen und elektrische Heizkissen heran und suchte so die Wärmeverluste auszugleichen, die sich bei diesem Toten naturgemäß einstellten und deren Fortschreiten – also das weitere Erkalten des Körpers – den nach Ansicht der Ärzte nur klinischen Tod zu einem endgültigen gemacht hätten.

Und nach zwölf Stunden war dann Dr. W. B. Kouvenhoven von der John-Hopkins-Universität eingetroffen und hatte sein neues System des Gegenschocks angewandt. Er legte eine Elektrode gegen die Brust und einen Gegenpol gegen den Rücken und schickte dann Ströme von einigen Ampere durch das Herz.

Da rührte sich auf einmal John Forth wieder. Was die Wiederbelebungsversuche nicht allein zustande gebracht hatten, das erreichte der Gegenschock, den Kouvenhoven bei Tausenden von Tieren erprobt hatte, ehe er den gleichen Eingriff beim Menschen wagte.

»Und was halten Sie von der Schilderung, die John Forth gegeben hat? Ich meine, diese Darstellung mit der schwarzen Watte und diesen Dingen... Nehmen Sie an, daß es sich dabei um wirkliche Phänomene handelt, die aus einer Berührung mit einer anderen Welt zustande kommen?«

»Er war ganz nahe an der Grenze. Aber ob er schon auf der anderen Seite war? Ich kann es wirklich nicht sagen. Ich habe ein Dutzend Menschen gerettet, die in der gleichen Lage waren wie dieser John Forth. Die meisten gaben gar keine Schilderung. Sie wollten keine Frage hören und schienen geradezu ärgerlich, wenn man sie zwang, sich an das zu erinnern, was inzwischen gewesen war oder was eintrat, als der entscheidende Stromstoß durch den Körper erfolgte.

Und bei den anderen sind die Aussagen sehr unterschiedlich. So erzählte mir ein Elektroingenieur, daß er das Gefühl gehabt hätte, an einer ganz dünnen, strahlenden und leuchtenden Messingstange herunterzurutschen. Aber was bei John Forth der Blitz war, das war bei ihm vielleicht die Messingstange.

Nur einer – ein ganz einfacher Mann, der an einem Bergabhang abgerutscht war, über einen Felsvorsprung weit nach draußen geschleudert wurde, dann in eine Hochspannung hineingeriet und nachher an seinen Verbrennungen starb – gab mir eine andere Darstellung.

Er sagte, er sei von einer Schar lichter Gestalten empfangen worden. Man hätte ihn getragen und dann in den Kreis hineingenommen, in dem er sich sehr wohl fühlte. Er behauptete auch, in zwei Personen, die unter diesen Gestalten waren, einen Freund aus der Jugendzeit und seinen eigenen Vater erkannt zu haben. Er versicherte, daß diese Gestalten sich in einem kugelartigen Raum bewegt hätten, der ganz in Lila getaucht schien.

Aber natürlich müssen wir als Ärzte und auch als Psychiater sehr skeptisch sein. Solange noch die Gehirnschichten arbeiten, solange also die Zellen im Gehirn nicht zerstört und außer Funktion sind, können natürlich Erregungszustände im Gehirn auftreten und die Illusionen schaffen, die mit normalen Maßstäben nicht mehr gemessen werden können, weil ja auch die Erregungen nicht mehr normal sind. Irgendwie können auch Wünsche und Hoffnungen und ganz frühe gedankliche Orientierungen des Opfers maßgebend sein für die Bilder, die sich dann einstellen.

Aber wer will es ganz genau wissen? Wir tasten doch alle...«

»Ist es Ihnen denn niemals möglich gewesen, zu Experimentalzwecken einen Menschen zu bekommen, der auf dem elektrischen Stuhl hingerichtet wurde? Denn bei ihm müßten doch, wenn er wirklich wiedererweckt werden könnte, ganz seltsame Bilder auftreten...«

»Sie sind doch selbst vom Fach. Sie wissen, daß mitunter höchste Spannungen nicht zum Tode führen müssen, während in einem Fall sogar 27 Volt ausreichten, um einen Menschen umzubringen. Andererseits habe ich jemanden gesehen, der 55 000 Volt überlebte, ohne daran zugrunde zu gehen.

Die Bereitschaft oder die Angst oder die Überzeugung des unvermeidlichen Todes spielen eine äußerst wichtige Rolle dabei. Sehen Sie sich Schlafende an. Sogar schwerste Stromdurchgänge bleiben relativ ungefährlich – selbst wenn die rein äußerlichen Verbrennungen auftreten. Es ist doch schließlich so, daß das Atemzentrum im Gehirn gelähmt wird und dann von dort aus der Tod sich durch innere Vergiftungen entwickelt. Schildkröten und Frösche haben wir mit elektrischem Strom noch nicht umbringen können – jedenfalls nicht, solange wir die Tiere nicht direkt im Strom schmorten.

Ein Mensch aber, der auf den elektrischen Stuhl gesetzt wird und dem man eine Kupferplatte oben auf den Kopf, auf die Fontanelle legt, ist einmal davon überzeugt, daß er gleich sterben wird. Er lebt so in einer Todesbereitschaft, die eigentlich immer verhängnisvoll wird. Hinzu kommt dann noch ein Hitzeeffekt, indem gleich von der Fontanelle aus die Hirngewebe durch übermäßige Erwärmung zerstört werden können.

Aber es könnte natürlich sein, daß jene Annahme richtig ist, daß Menschen auf dem elektrischen Stuhl immer zunächst betäubt werden und erst nachher auf dem Seziertisch ihren Tod finden.

Bei Unfällen mit Starkstromleitungen ist es meist so, daß man mit einem Arm oder mit einem Fuß die Stromquelle berührt und der Strom auf dem schnellsten und kürzesten Wege wieder entweicht. Hätte John Forth den Strom mit der linken Hand berührt, und zwar so, daß dieser am rechten Bein wieder ausgetreten wäre, dann hätten wir ihn wahrscheinlich nicht mehr erwecken können. John Forth hat Glück gehabt...«

»Und sein Gehen in schwarzer Watte...«

»Ich weiß nicht, was ich Ihnen sagen soll. Vielleicht war er ganz nah am dunklen Vorhang. Vielleicht wissen wir eines Tages mehr darüber.«

Für Dr. W. B. Kouvenhoven zählt vorerst nur die Tatsache, daß er viele Menschen gerettet hat. Er will nichts von Vermutungen über das Jenseits und über das Weiterleben nach dem Tode wissen, solange man ihm keine handfesten Beweise liefert. Aber die Mutmaßungen namhafter Wissenschaftler stützen sich auf überreichliches Material. Der Philosoph C. J. Ducasse läßt mehrere Möglichkeiten offen:

Entweder lebt die Psyche weiter in einem Zustand wie bei der Bewußtlosigkeit des Sterbenden und kann mit dem Erdenleben durch eine blasse Erinnerung an Namen, Episoden und Ideen in loser Verbindung bleiben, oder die psychische Existenz spielt sich ab, wie wir es in unseren Träumen erleben. Es ist auch nicht ausgeschlossen, daß ein Weiterleben der Psyche mit hohen Fähigkeiten etwa im Hinblick auf schöpferisches Denken in Zusammenhang steht. Wenn man dabei beispielsweise an Musik oder Philosophie denkt, darf nicht außer acht gelassen werden, daß wir nur irdische Vorstellungen haben, die auf höheren Intelligenzstufen zu veränderten Begriffen werden könnten.

Das Leben nach dem Tode könnte auch seine Bedeutung haben durch das Auswerten irdischer Erfahrungen, wodurch sich neue Perspektiven ergeben für Erkenntnisse, die wir Erdenbewohner nicht zu erfassen vermögen.

Verschiedene Entwicklungsstufen werden ebensowenig ausgeschlossen wie die Möglichkeit, daß Jenseitswesen durch Telepathie eine Verbindung mit anderen Psychen, auch solchen, die noch in der irdischen Hülle wohnen, aufnehmen.

Wir werden noch feststellen, daß manches Geschehen in Todesnähe oder Exkursionen, bei denen sich die Psyche vom lebenden Körper zu einer »Jenseitsreise hin und zurück« trennt, für die Forscher faszinierend sein müssen.

Es handelt sich unter anderen um Fälle, wo aus medizinischer Sicht die Funktionen des Gehirns durch schwere Verletzungen, Schocks und ähnliches für kurze oder längere Zeit stillgelegt waren und später über ganz klare psychische Erlebnisse berichtet wurde, bei denen der Betroffene von einem Gefühl der Harmonie, der Ruhe und einer beglückenden Freiheit von irdischen Sorgen und Nöten erfüllt war. Es wird mehr von Eindrükken und Bildern berichtet als von Gedanken und Überlegungen, obwohl sich manches aus den Denkgewohnheiten und markanten irdischen Ereignissen zu ergeben scheint.

»Wer einmal in den Himmel des Denkens eingelassen worden ist, für den gibt es keinen Rückfall in die Nacht, nur unendliche Einladung nach der anderen Seite. Da sind Himmel über Himmel, und Paradiese im Paradies, sie sind rings von Göttlichkeit umschlossen. Andere gibt es, für welche der Himmel von Erz ist und einen geschlossenen Wall bis nieder zur Erdoberfläche bildet. Es ist eine Frage des Temperaments und des größeren oder geringeren Mitempfindens und Verständnisses für die Natur. Die Letztgenannten haben natürlich nur einen reflektierten oder parasitischen Glauben, sie können die Wahrheit nicht schauen, sondern verlassen sich instinktiv auf die Seher und Bekenner der Wahrheiten. Die Weise und die Gedanken der Glaubenden setzen sie in Erstaunen und bringen sie auf den Glauben, daß jene etwas gesehen haben, was ihnen verborgen ist. Aber ihre aus der Sinnenwelt entsprungenen Gewohnheiten möchten den Gläubigen stets in seiner letzten Stellung festhalten, während er unwiderstehlich vorwärts schreiten muß, und daher kommt es, daß die Ungläubigen aus Liebe zum Glauben die Gläubigen verbrennen.«

R. W. Emerson, amerik. Philosoph (1803–1892)

3

Der Erhängte vom Roten Platz

Prof. Brunchanenko gibt nicht auf
»Ich habe Sehnsucht nach dem grünen Land...«
Keine Fehlleistung der Denkzellen

Als über dem Roten Platz der Tag graute, sah eine der Wachen neben dem Mausoleum, in dem der Sarkophag Lenins steht, am Gitter des gegenüberliegenden großen Gebäudes einen seltsamen dunklen Schatten. Als die Wachablösung kam, erstattete er Bericht. Am Gitter dort drüben hatte sich ein Mensch erhängt. Wegen irgendeiner ganz dummen Geschichte, die für normale Sterbliche nicht ausreicht, um einen solchen Entschluß zu rechtfertigen. Es ging um eine Frau, die ihn verlassen hatte.
Aber das ist eine andere Geschichte, die hier ohne Bedeutung ist.
An jenem heraufziehenden Morgen arbeitete jedoch in seinem Laboratorium unweit vom Roten Platz Prof. Brunchanenko mit einigen seiner Assistenten. Sie hatten die ganze Nacht hindurch Tierversuche mit einem künstlichen Herzen durchgeführt, Tierversuche, die vor einigen Tagen schon recht positive Resultate insofern ergaben, als es gelungen war, ei-

nen Hund für sechs Stunden ins Leben zurückzurufen, in ein ganz richtiges und mit allen Reaktionen verknüpftes Hundeleben.

Einer der Offiziere der Wache hatte von diesen Versuchen gehört. Er wußte auch, daß man dort drüben hinter den noch erleuchteten Fenstern an der Arbeit war. Er rief also bei Prof. Brunchanenko an und fragte, ob er ihm den Selbstmörder hinüberschicken solle.

Prof. Brunchanenko zauderte einen Augenblick. Aber dann schoß ein Gedanke durch seinen Kopf.

»Ja, schicken Sie ihn herüber – aber sehr schnell – und nicht zuviel bewegen! Legen Sie ihn ganz flach. Und nichts weiter an ihm verändern! Beeilen Sie sich…!«

So kam der Erhängte vom Roten Platz in die Laboratorien des Prof. Brunchanenko. So wurde dieser Mann, dessen Tod ganz einwandfrei schon eingetreten war, an das künstliche Herz angeschlossen, und das künstliche Herz begann zu pumpen und zu arbeiten. Es pulste und stieß das Blut in die Adern, die schon erschlafft schienen. Immer neue Blutstöße, wobei dem Blut ganz vorsichtig Sauerstoff und einige anregende Medikamente beigefügt wurden.

Das Ansaugen und Abstoßen des Blutes geschah mit größter Präzision. Elektrische Ströme regulierten den Schlag dieses künstlichen Herzens genau. Man mußte viel Geduld haben – über lange Stunden hinweg. Aber dann war das erstrebte Ziel erreicht. Das künstliche Herz hatte den Erhängten vom Roten Platz in ein neues Dasein zurückgerufen. Es war natürlich nur ein ganz schwaches neues Leben, das man ihm schenken konnte, denn schließlich hatte der Strick, mit dem er sich erhängte, nicht nur am Kehlkopf schwerste Schäden verursacht und die Zunge fest gegen den Schlund gedrückt, es waren auch sonst schon zu viele Veränderungen an diesem Körper vor sich gegangen. Veränderungen, die Zeichen des Todes für jeden sind, der sich in diesen Dingen einigermaßen auskennt.

Die Muskelkontraktion hatte schon aufgehört. Elektrischer Reiz, den man durch in die Muskeln getriebene Elektroden hervorrief, hatte keine Folgeerscheinungen mehr. Das deutete darauf hin, daß dieser Mensch schon eine recht lange Zeit als Erhängter an jenem Gitter gebaumelt haben mußte. Die Erweiterung der Pupille, die nach dem Eintritt des Todes und nach dem Aufhören der Agonie eintritt, war schon längst vorüber. Die Pupille war wieder enger geworden, hatte aber ihre regelmäßigen Umrisse bereits verloren. Der Augapfel war weich geworden und zusammengesunken.

Auch die Haut faßte sich schon wie Pergament an. Als man mit Siegellack eine Brandblase hervorrufen wollte, war die Reaktion ungefähr gleich null. Nur die Totenflecken waren noch nicht aufgetreten. Aber die Leiche war sehr kalt.

»Wir müssen unbedingt die Temperatur in die Höhe bringen. Mit dem

Ende der organischen Oxydierung sinkt natürlich die Eigenwärme. Es war heute morgen draußen kalt. Und die Leiche hat eine niedrigere Temperatur, als man auf dem Thermometer draußen ablesen kann.«

Man begann mit den verschiedenen zur Verfügung stehenden Mitteln, mit Ölbädern, die langsam erwärmt wurden, mit elektrischen Geräten, die man um die Gliedmaßen bettete, diesen toten Körper zu erwärmen, während gleichzeitig das künstliche Herz pulste und mit Sauerstoff gesättigtes Blut in die Adern hineinjagte.

»Er hat die Lippen bewegt! Er will etwas sagen oder...«

In diesem Augenblick vernahm man aus dem Munde des Mannes, der sich am Roten Platz erhängt hatte, einen stöhnenden langgezogenen Seufzer.

»Soweit sind wir also. Jetzt müssen wir ganz unbeirrt fortfahren – solange diese Maschinen hier funktionieren. Es muß gelingen!«

Und weiter pumpte die Maschine, die man als »künstliches Herz« bezeichnet, Leben in den toten Menschen hinein, von dem man bisher nur einen Seufzer vernommen hatte.

Am nächsten Tag war es soweit, daß er zu flüstern begann. Das Gehirn hatte die Funktionen wiederaufgenommen.

»Ich war in einem Land, in dem ich noch niemals vorher gewesen bin. Es war sehr groß und so schön, daß ich wieder dorthin zurück möchte. Ich habe noch den süßen Geschmack im Mund von dem Wasser, das ich trank, denn dort war ein großer Springbrunnen, und ich habe aus dem Springbrunnen getrunken.

Ich habe Blumen gesehen, die dreimal so groß waren wie unsere Blumen. Sie dufteten, wie es bei uns die schönsten Blumen im höchsten Sommer nicht vermögen.

Ich habe viele Menschen aus weiter Entfernung gesehen. Wenn ich zu ihnen hinlaufen wollte, entschwanden sie in dem gleichen Tempo, in welchem ich mich ihnen zu nähern versuchte.

Unter einem riesigen Baum, der bis in den Himmel gewachsen zu sein schien, stand ein Trommler. Dieser Trommler lief nicht vor mir fort. Er stand da und schlug auf seine Trommel und wartete, bis ich ganz nah war.

Ich weiß nicht, ob er es war, der zu mir sprach. Jemand sagte zu mir, daß nun alles gut sei und daß ich auch – wenn ich wollte – fliegen könnte.

Wie schwer jetzt wieder meine Arme und meine Beine sind. Ich glaube, ich kann sie nie mehr bewegen, denn dort in jenem anderen Land, in dem ich war, war alles ganz leicht. Wenn nur die Menschen nicht immer vor mir davongelaufen wären.

Der Trommler wurde dann so groß wie der Baum. Ich konnte ihn nicht einmal mehr sehen. Und ich lief dann immer weiter durch diese schöne grüne Welt und rief laut nach einem Menschen. Jetzt weiß ich, daß ich nach meiner Mutter gesucht habe. Aber sie ist schon lange tot. Ich habe

nach ihr gesucht, und jemand sagte mir auch, daß ich sie demnächst finden werde. Aber es werde noch etwas dauern. Es dauere immer eine lange Zeit, ehe man die anderen finde, auf deren Suche man ist…
Ich bin dann unter dem großen Baum, der bis in den Himmel ragte, eingeschlafen.
Nun weiß ich nicht mehr, habe ich dieses Leben in jenem anderen Land geträumt, oder habe ich jetzt hier einen bösen Traum?«
Man hat ihm noch viele Fragen gestellt, diesem Mann, der die Todesschwelle bereits überschritten hatte. Er hat vier Tage gelebt. Dann auf einmal schien auch das künstliche Herz nicht mehr in der Lage zu sein, das Leben in ihm zurückzuhalten.
»Ich habe Sehnsucht nach dem grünen Land!« flüsterte er, ehe er starb. Jedenfalls waren das die letzten verständlichen Worte aus dem Munde des Erhängten vom Roten Platz.

Man hat über diesen »Erhängten vom Roten Platz« viel in der wissenschaftlichen Literatur geschrieben. Man zitierte ihn als interessanten Fall in bezug auf die Erweckung eines Scheintoten, wobei darauf hingewiesen wurde, daß also offenbar beim Erhängen der Tod erst nach sehr langer Zeit eintrete, wenn nicht durch einen wenigstens zwei Meter tiefen Fall und einen entsprechenden Schock ein Bruch des Halswirbels eintrete. Aber man erwähnte diesen Toten auch als klassisches Beispiel für die Erweckung eines Menschen, der bereits für tot gilt, zu einem neuen, wenn auch sehr kurzen und vorübergehenden Leben. Schließlich sind seit Jahr und Tag Versuche mit Tieren im Gange, um zu erkunden, inwieweit ein bereits gestorbener Warmblüter durch Zufuhr von Blut und Sauerstoff noch einmal zu einigermaßen normalen Funktionen gebracht werden kann.
Natürlich mußte das Gutachten, das man in jenem Institut des Prof. Brunchanenko in Moskau machte, denkbar nüchtern ausfallen. Nicht etwa, weil es in Moskau ausgefertigt wurde, sondern weil nur jene Funktionen geprüft werden konnten, die, rein biologisch gesehen, zu kontrollieren waren.
Durch den sich zuziehenden Strick war auf bestimmte Wirbel ein Druck ausgeübt worden, der sich auf die Nervenstränge übertrug, die aus diesen Wirbeln austraten.
Es handelte sich um jene Nervenstränge, von denen man auch aus anderen Fällen weiß, daß dadurch seltsame Erregungszustände in der letzten Sekunde in Erhängten hervorgerufen werden.
Man kennt bis heute nur einen einzigen Menschen auf der Erde, den man nicht zu erhängen vermochte, nämlich einen Yogi, der imstande war, seinen Hals, seine Nerven, seine Muskeln im Bereich des Genicks so zu trainieren, daß dieser verhängnisvolle Druck, der lähmend und erregend zu-

gleich wirkt, bei ihm nicht zustande kam: nicht einmal der Atem konnte ihm abgeschnürt werden.

Nach dem Gutachten von Moskau ergab sich bei dem »Toten vom Roten Platz« im Gehirn die ganz logisch aus dem Erhängen zu folgernde Anomalie in der Blutversorgung des Gehirns. Schließlich war die Luft abgeschnürt, die Sauerstoffzufuhr und Blutversorgung unterbrochen. Daraus ergaben sich Erregungszustände körperlicher und geistiger Art, die sich auf den Farbsinn und auf das Gehör auswirkten. Und nun kommt die ganz nüchterne und klare Feststellung:

Das, was der zu einem neuen Leben erweckte Mensch, der unter der Wirkung des künstlichen Herzens wieder zu atmen begann, schilderte, kann nur mit rein biologischen Voraussetzungen erklärt werden.

Der Mensch ist – und das ist die Ansicht der gesamten Psychobiologie – ein biologisches Wesen mit einer Organisation von Reflexsystemen. Diese Reflexsysteme setzen sich aus den Nervenstrecken zusammen, die eine zuleitende Rolle haben und von der Außenseite des Körpers durch das Rückenmark bis zur Gehirnrinde führen – wobei die Neuronen die Aufgabe haben, die Nervenstrecken miteinander zu verknüpfen –, und aus den ableitenden Nervenstrecken, die vom Gehirn ausgehen und in den Ausdrucksorganen, z. B. in den Muskeln, in den Gewebezellen und in den Drüsen auslaufen.

Jedes Reflexsystem, das aus diesen zuleitenden und ableitenden Nervenstrecken zusammengesetzt ist, hat Funktionen. Diese Funktionen sind die Reflexe. Ein Nerv ist gewissermaßen eine Röhre, in welcher der Nervenstrom fließt. Die Parallele zu den Blutgefäßen, in denen das Blut zirkuliert, liegt nahe.

In der Hirnrinde liegen Nervenzellen, denen man den Namen Denkzellen gegeben hat. Sie sind die Organe des Bewußtseins. Bewußtsein ist also nach den Erkenntnissen der Psychobiologie nichts anderes als der Höhepunkt der Funktionen der Zellkerne in den Denkzellen. Daraus ergibt sich ein Gefühl, das Bewußtsein genannt wird. So gesehen, wäre also wirklich der Vorgang des Verlierens von Bewußtsein oder des Wiedergewinnens von Bewußtsein ein absolut biologischer Vorgang, der keiner metaphysischen oder metapsychischen Erläuterung bedarf.

Die Psychobiologie geht noch weiter: man unterscheidet in der Hirnrinde die kleinen Pyramidenzellen (sympathisches Nervensystem), die großen Pyramidenzellen (sensorisches Nervensystem) und endlich die Schicht der Zellen, die zur Außenhaut keine direkten Verbindungen haben, sondern gewissermaßen von den Zustrahlungen der sympathischen und sensorischen Rindenzellen vegetieren.

Den kleinen Pyramidenzellen schreibt man das Gefühl des Bewußtseins zu. Die großen Pyramidenzellen gelten als Gegenstandszellen, und die Begriffs- und Erinnerungszellen sind in jenen Schichten zu suchen, die man als polymorphe Zellen bezeichnet und von denen wir schon sagten, daß sie keine direkte Verbindung zur Augenhaut unserer Existenz haben.

Danach ist also faktisch das Bewußtsein nichts anderes als eine Eigentümlichkeit in den Funktionen der Denkzellen. Jedenfalls bezeichnet die Psychobiologie dieses Funktionieren als einen rein biologischen Vorgang. Und das Unbewußte? Die Träume?

Die Reflexsysteme haben vor allem in den Denkzellen unterschiedliche Funktionsgrade, die durch das Auftreten von Begriffen und das Wirksamwerden von Erinnerungszellen gesteuert werden. Somit sind also auch das Unterbewußtsein und das Unbewußte gar nichts anderes als Funktionsgrade!

Sind aber alle seelisch-geistigen Vorgänge biologische Nervenfunktionen, dann gibt es für das, was jener Tote vom Roten Platz nachher erzählte, nur eine einzige Deutung im Sinne der Psychobiologie:

Durch die Unterbrechung der Blutzufuhr und die dadurch veränderte Ernährung der Gehirnzellen ergaben sich starke Anomalien im Funktionieren der Gehirnrinde und der dort wirksamen Denkzellen einschließlich der Erinnerungszellen. Alles, was der Erhängte in dem Augenblick in seinem Hirn sah oder erlebte, als die schon vorübergehend kalt gestellten und fast abgestorbenen Zellen wieder zu funktionieren begannen, waren Fehlleistungen – verglichen mit den normalen Funktionen des Gehirns jenes Mannes. Diese Fehlleistungen bestanden darin, daß Dinge, die man ihm vielleicht in der Jugendzeit erzählte, Schilderungen von anderen Ländern, Darstellungen aus Märchen und Legenden oder gar aus dem religiösen Gebiet, sich in den polymorphen Zellen festsetzten und an die Oberfläche drängten, als gewissermaßen von unten herauf die Schichten der grauen Gehirnrinde nochmals zu arbeiten begannen.

Fehlleistungen! Nichts anderes als Fehlleistungen!

Wie sollen denn auch so empfindliche Gebilde wie Denkzellen normal und gesund funktionieren, wenn Veränderungen in der Ernährung eingetreten sind, die Zustände herbeiführen, mit denen auf die Dauer diese Zellen nicht fertig werden können und an denen sie zugrunde gehen müßten!

Man geht in der Psychobiologie so weit, auch alle Neurosen rein biologisch zu erklären, indem an der Gehirnrinde, in welcher die Zellen des Bewußtseins sitzen, eine Funktionsstörung aufgetreten ist, durch die der Neurotiker in einer Welt bleibt, die entweder primitiv ist oder aber deren primitive Ausschläge so stark sind, daß die höheren Entwicklungsstufen davon überdeckt werden.

Der Erhängte vom Roten Platz war ein einfacher Mensch. Seine Hirnrinde, sein Organ des Bewußtseins und die Zellen der Erinnerung waren nur wenig auf große Strapazen geistiger Art, also funktioneller Natur, trainiert. Als nun bei ihm die Gehirnrinde gewissermaßen trockengelegt wurde und dann die Ernährung der Zellen neu einsetzte, ergaben sich durch eine Vermengung von unterbewußten Erinnerungen und den Resten des Tagbewußtseins jene seltsamen Bilder, die er als sein Erlebnis »in einem anderen Land« – wie er wohl nicht zu sagen wagte im Jenseits – verstand.

So sonnenklar die psychobiologische Erklärung auch sein mag, so groß sind die Bedenken, die die Parapsychologen zu dieser Deutung vorzubringen haben. Sie räumen ein, daß das Bild von der Schwelle, von dem hohen Grat zwischen Diesseits und Jenseits, individuell verschieden sein kann. Aber sie wollen nicht daran glauben, daß die Berührung mit dem Jenseits nur eine Fehlleistung einer im Augenblick anomalen Funktion einer Häufung von Denkzellen in der Gehirnrinde sei.

Es muß noch etwas anderes sein als nur diese nüchtern-biologische Erinnerungsfähigkeit unter Verarbeitung von Unbewußtem und Unterbewußtem bzw. tagesbewußten Eindrücken, die den Erhängten vom Roten Platz befähigten, von einem Erlebnis zu sprechen, nach dem er sich zurücksehnte.

>Als Dante in Verona einmal an einem Haus vorbeikam, wo meh-
rere Weiblein unter dem Tor saßen, tuschelte eine: ›Schaut euch
den an! Er geht, sooft er will, in die Hölle und kommt mit Nach-
richten von denen, die drunten sind, wieder herauf!‹ ›Wahrhaftig‹,
erwiderte eine andere. ›Schau nur, wie kraus sein Bart und wie
dunkel seine Haut! Das kommt von der Hitze und dem Rauch dort
unten.‹ «

Giovanni Boccaccio
ital. Dichter und Humanist (1313–1375)

4

»Freiwillige für die Begegnung
mit dem Tode gesucht!«

Der Gouverneur gab die Leiche frei
»Ich schrie um mein Leben!«
Hatte Dr. Cornish seine Hand im Spiel?

Jetzt ist er so gestorben, daß niemand ihn mehr retten konnte – regelrecht
gestorben wie ein anderer Mensch. In den Sielen. Irgendwo gleich hinter
der mexikanischen Grenze – dort, wo die Detektive der USA ihm nichts
mehr anhaben konnten. Er ging an einer Leberzirrhose und allem, was
dazugehört, zugrunde. Jetzt, nachdem er tot ist, kann man von dem erzählen, was er einst auf der »anderen Seite« erlebt hat oder erlebt haben
will.
Allerdings hatte er selbst niemals den Mund freiwillig aufgetan und von
diesen Dingen gesprochen. Aber Dr. Cornish war zu sehr interessiert
daran, was dieser Mensch zu berichten wisse, und versetzte ihn mit ein
paar Spritzen Pentothal und Alkohol in einen Zustand, in dem der
Mensch zu sprechen beginnt, wo die Hemmungen fallen und die Lippen
sich auch dann öffnen, wenn irgendeine innere Stimme sagt: Du mußt
schweigen!

So kam dieser unheimliche Bericht zustande, der unter der Hand bei jenen
umging, die von den Experimenten des Dr. Cornish wissen und zu denen
Cornish genug Vertrauen hat, auch dies und das aus seiner Praxis zu ver-
raten, wovon er lieber in der Öffentlichkeit nichts erwähnt haben will.
Dieser Mann, der drüben in Mexiko starb und dem Cornish mit dem Ge-
ständnisgift das aus der Seele herausholte, was jener verschweigen wollte,
saß schon einmal auf dem elektrischen Stuhl. Der Mann hinter dem Vor-

hang drückte für ihn dreimal den Starkstromhebel nieder. Dreimal zischte der Strom durch ihn hindurch – derart, daß man in dem zu einer Kapelle ausgebauten Raum, in welchem er sterben sollte, den Geruch von verbrannten Haaren und geschmortem Fleisch wahrnahm.

Man mag es glauben oder nicht: er saß auf diesem Stuhl. Und wer da sagt, daß ein Mensch die Berührung der Kupferplatte mit dem Scheitelbein nicht vertrage, weil der Strom die Gehirnzellen verbrenne und koche, der weiß nicht, was ein Mensch wie Fred Philipps auszuhalten vermochte. Vielleicht lag es auch nur daran, daß seine Schädeldecke so dick war, so stark, so verknöchert in der Verbindung der Schädelnähte, daß vorher schon zweimal Kugeln aus den Pistolen von Konkurrenten auf dem illegalen Alkoholmarkt von Amerika daran abprallten.

Ohne diese Schädeldecke würde er es gewiß nicht überstanden haben. Aber wieso er überhaupt mit dem Leben davonkam, ist noch eine zweite Frage. Wir wollen hier nur berichten, was er auf der anderen Seite sah, als die Ärzte in der Hinrichtungskammer auf den Totenschein schrieben:

»Tod durch elektrischen Strom einwandfrei festgestellt. Freigabe der Leiche durch besondere Intervention beim Gouverneur erwirkt.«

»Ich hatte bis zuletzt gehofft!

Man hatte mir Kassiber in die Zelle geschickt, auf denen zu lesen war: ›Nicht verzagen! Old boy, wir holen dich raus!‹

Ich glaubte an jene, die mir diese Nachricht schickten. Aber wie wollten sie es anstellen? Draußen gingen ständig die Wärter auf und ab. Nachts saß sogar einer bei mir in der Zelle. Und in dieses Gehege, in diese Welt der Gitter, kam doch niemand hinein!

Ich hatte von Mata Hari gelesen, der man erzählte, daß die Todeskugeln in Wirklichkeit nur Platzpatronen seien, um sie stark zu machen für die letzte Stunde. Man hatte ihr Hoffnung gemacht, es sei alles nur Komödie.

Vielleicht wollte man auch mir nur Hoffnung machen, damit ich – Fred Philipps – bis zuletzt als der mutige Mann dastünde.

Ich hatte an meine Freunde geglaubt und wußte erst, daß alles eitel Gerede als man mich abholte, war.

Es war also nichts mit der Begnadigung. Nun konnte auch aus der Befreiung nichts mehr werden. Jetzt war ich in der letzten Kammer, von welcher aus ich nur noch eine einzige Tür zu durchschreiten hatte – bis zu jenem anderen Raum. Und hinter dieser Tür hörte ich sie hantieren – mit Schraubenschlüsseln und Zangen – und an einem großen Stuhl rücken.

Sie kamen und holten mich. Sie rasierten mir oben den Kopf. Sie rasierten mir auch unten an den Beinen die Haare ab und machten am Arm einen Streifen frei, auf welchem die Elektrode aufgepaßt werden sollte.

Ich knirschte mit den Zähnen – weil man mich belogen hatte, weil man mir Hoffnung gemacht hatte, wo keine mehr war. Aber was wollte ich nun schon tun? Keiner war am letzten Tag zu mir gekommen, um sich von mir zu verabschieden. Die Wärter erzählten mir, das sei noch niemals dagewesen.

Und dann ging ich durch die Tür und wurde auf den Stuhl gesetzt. Die schwarze Maske senkte sich über mein Gesicht. Die metallenen Bügel legten sich fest um meine Beine und um meinen Arm. Ich fühlte die kalte Metallkappe ganz oben auf meinem Kopf. Ich hörte, wie jemand für mich betete.

Ich hatte zuletzt noch einmal gesagt, daß ich es überhaupt nicht war, der damals an jenem Donnerstag in der Garage auf die vier Leute geschossen hatte. Ich war nur in der Nähe gewesen. Aber ich konnte es nicht beweisen, und deshalb saß ich hier auf dem Stuhl und fühlte die kalte Elektrode auf meinem Scheitel – dort, wo er gestern noch meine Haare teilte und nun alles kahl war, damit der Stromkontakt besser sei.

Sie hatten mich sogar an zwei Stellen am Körper gepudert, damit die Haut schön trocken war. Denn es ist schon vorgekommen, daß an Menschen, die vor Angst vor dem Sterben gar zu stark transpirierten, der Strom draußen über die Flüssigkeit, über den salzigen Schweiß, herunterlief, ohne durch den Körper zu gehen. Und das war ja nicht der Sinn der Sache, warum man mich auf diesen Stuhl gesetzt hatte.

Der Mann neben mir schien noch immer zu beten, aber seine Stimme war jetzt auf einmal leiser geworden. Er hatte auch einen Augenblick ausgesetzt. Gewiß hatte jener, der mir eben die schwarze Kappe überzog, ein Zeichen gegeben, zurückzutreten, oder ein Zeichen zu jenem Mann hinter dem Vorhang, der an den Hebeln saß.

Auf einmal war es da...

Eine furchtbare Angst – einen Augenblick lang –, und ich hatte nie Angst gehabt, weil ich keine Phantasie besaß – ein ganzes Leben lang nicht. Ich konnte mir niemals vorstellen, was aus irgendeiner Sache werden könnte. Vielleicht hatte ich deshalb keine Angst. Man hatte es mir so erklärt.

Aber jetzt auf einmal war diese Angst da. So riesengroß, so furchtbar, so quälend, daß ich hätte brüllen mögen – vor Angst und vor Schmerz. Es war nicht ein Schmerz, wie man ihn sonst empfindet, wenn man eine Kugel ins Bein bekommt, oder unter ein Auto gerät, oder verprügelt wird.

Es war etwas ganz anderes. Ich hatte das Gefühl, als ob jede Zelle in mir platzen würde und platzen müsse. Ich kam mir auf einmal so groß vor, so aufgedunsen, als ob ich dreimal so groß sei wie in Wirklichkeit. Ich fühlte, wie die Metallspangen in mein Fleisch eindrangen.

Aber in diese Angst hinein brüllte ich – ich weiß nicht, ob man es in Wirklichkeit gehört hat oder ob ich nur nach innen schrie –, ich brüllte jedenfalls: ›Ich will leben!‹

Ich brüllte es so lange, bis ich auf einmal in einem völlig grünen Zimmer war – ganz allein, in einem Raum, der sonnig schien, ohne ein Fenster zu haben. Und durch die eine Wand dieses grünen Raums kam ein Wesen auf mich zu. Es war eine Gestalt wie ein riesiger behaarter Mann oder wie ein Tier mit einem mächtigen Mund und großen schräggestellten Augen.

Dieses Wesen schritt auf mich zu und griff nach mir und wollte mich erdrücken. Ich war eben in diesem grünen Raum so ganz allein ruhig und zufrieden gewesen wie ein Kind. Und jetzt wehrte ich mich gegen den Koloß, der mich erwürgen wollte. Als er ganz nah bei mir war, bemerkte ich, daß seine Haare so rochen, als ob sie eben versengt worden wären.

Auf einmal wußte ich in diesem Ringkampf mit dem Ungeheuer, daß ich dieses alles erlebte, weil ich in Wirklichkeit tot war.

Ich hatte Angst, tot zu sein. Ich war irgendwie nicht mit dem Leben fertig geworden. Und nun sollte alles schon zu Ende sein. Ich schrie in den grünen Raum hinein:

›Ich will leben!‹

Und jedesmal, wenn ich das schrie, bebten die Wände, die gar keine Ecken hatten, sondern rund waren wie die Wände einer Kugel. Sie bebten und wichen mit jedem Schrei, den ich ausstieß, ein wenig zurück.

Ich schrie lauter, immer lauter und wilder.

Da sah ich, wie unter meinen Händen das Ungeheuer mit dem breiten Mund und den seltsamen Augen schwächer wurde und zerfiel, immer mehr zerfiel und einschrumpfte.

Ich schrie und heulte um mein Leben und zermalmte dieses nun winzig gewordene Wesen zwischen meinen Händen.

Die grüne Kugel war ganz weit geworden – wie ein Dom. Und ich saß mitten in dieser Weite und schrie um mein Leben.

Da begann die grüne Kugel sich zu drehen – erst langsam, dann immer schneller –, zum Schluß so schnell, daß mir schwindlig wurde und ich die Augen schließen mußte. Ich konnte sie nicht wieder öffnen. Und dabei wollte ich doch die ruhige, schöne grüne Farbe sehen und den mächtigen Dom aus Licht, der mich eben noch umgab.

Ich sah die grüne Farbe nicht mehr – und nicht mehr den Dom.

Aber an meine Augen, die nun ins Schwarze, ins Dunkle schauten, drangen Funken heran, die aus weiter Ferne zu kommen schienen und sich mir wie Feuerschlangen näherten.

Vor diesem Feuer, das hier auf mich zukam, hatte ich jedoch keine Angst.

Endlich hörte ich Stimmen. Stimmen von Menschen, die flüsternd einander hastig Anordnungen zuriefen. Ich versuchte zu verstehen, was diese Stimmen mit mir, der ich doch tot war, zu tun hatten. Gingen mich diese Dinge etwas an?

›Zieh die Gummiwanne etwas höher. Das Wasser könnte noch etwas wärmer sein!‹

›Kräftiger massieren! Immer von unten nach oben.

Und gleich die Elektroden anschalten! Eine auf die Brust, die andere auf den Nacken – noch höher –, so daß die Stromstöße direkt in das Hinterhauptloch hineingehen!‹

›Er regt sich nicht. Es klappt nicht. Fred ist tot!‹

Es galt also doch mir. Sie sprachen von mir. Sie kümmerten sich um mich. Aber ich hörte nur und fühlte nichts.

Sie hatten gesagt, Fred sei tot. Und ich hörte sie doch sprechen. Und wenn ich sie sprechen hörte, konnte ich nicht tot sein, obwohl ich eben gefühlt hatte, daß ich tot war – vorhin als ich in dem großen grünen Dom saß.

Ob ich wirklich gestorben war und nur noch die Stimmen hörte, obwohl ich gar nichts mehr mit meinem Körper zu tun hatte? Ich kam mir so vor, als ob ich nur Kopf sei – Kopf ohne Rumpf. Eigentlich nicht einmal Kopf, denn sonst hätte ich doch meine Lippen bewegen und etwas sagen können.

Ich war nur Hirn. Ich war nur ein Gedanke. Aber ich als Gedanke konnte hören und die Lichtschlangen wahrnehmen, die auf mich zuschossen.

Auf einmal fühlte ich, daß ich in einem Auto lag, in einem Auto, das durch das Land fuhr und über eine Straße raste, die schlecht gepflastert zu sein schien. Ich fühlte die Stöße, wenn die Räder über die Schlaglöcher fuhren. Das war das erste Körperempfinden, das ich hatte.

›Wir müssen noch eine… Spritze geben!‹

Er sagte nicht Herzspritze, sondern er nannte irgendein chemisches Wort, das ich vergessen habe.

Als ich diese Spritze bekam, merkte ich, daß ich ein Herz hatte. Die Spritze ging direkt durch meinen Körper hindurch – bis in das Herz. Von hier aus schien dann das Leben, das Körpergefühl, das ich bis vor wenigen Augenblicken vermißt hatte, wieder seinen Ausgang zu nehmen.

Ich war wieder da! Ich lebte wieder. Vom Herzen her wuchs das Lebensgefühl weiter. Ich merkte, wie es pochte – bis in den Hals hinauf schlug. Dann auf einmal waren meine Kiefer da. Ich konnte die Zähne aufeinanderbeißen.

Aber noch immer hatte ich sonst keinen Rumpf, keine Arme und keine Beine. Es dauerte noch lange, ehe ich wieder ganz Mensch war.

Und der Wagen, in dem ich unterwegs war, raste weiter durch das Land – über eine Straße, die schlecht gepflastert war.

Auf einmal konnte ich die Augen öffnen. Ich sah über mir einen Mann mit einer großen Brille mit breiten Rändern. Er hatte einen stechenden Blick. Auf seinem Kopf trug cr cine weiße Mütze, wie Ärzte sie bei einer Operation zu tragen pflegen. Das Gesicht unterhalb der Brille war mit einem weißen Tuch verdeckt.

Ich versuchte, den Kopf zu drehen, um zu erkennen, was um mich her geschah.

›Noch nicht bewegen! Ganz ruhig liegenbleiben!‹ zischte mir der Mann mit der Brille mit den breiten Rändern zu.

Ich hätte mich auch wohl kaum bewegen können, denn ich empfand das Fahren wie eine furchtbare Qual. Ich sagte das auch dem Mann, der sich über mich beugte. Dieser rief unter seiner Maske dem Fahrer etwas zu. Offenbar wich man von der großen Straße, die man entlanggefahren war, ab und bog in einen Feldweg ein, um dort anzuhalten.

Ich sah jetzt, daß ich in einem Krankenwagen lag. Aber war es wirklich ein Krankenwagen? So sahen die größten und elegantesten Totenwagen aus, die die berühmten amerikanischen Firmen zur Verfügung stellten, solche Firmen, die auf ihren Plakaten schreiben:

›Niemand bestattet Sie eleganter als wir, und vor allem – bei uns lächeln Sie auch noch im Tode!‹

Ich war einmal in einem dieser Wagen gewesen, als wir den kleinen Johnny zum Krematorium fuhren, der von unseren Konkurrenten damals abgeschossen worden war, als er mit dem vielen Geld zum Boß kommen sollte. Daher kannte ich die Wagen von innen. Zwei von uns hatten nämlich dem Sarg im Wagen ein letztes Ehrengeleit zu geben, und einer von den beiden war ich.

Aber was hatten sie aus diesem Leichenwagen gemacht! Ein chemisches Laboratorium, ein ärztliches Institut, an den Wänden glänzende Röhren und Wasserbehälter, überall Gestelle mit Flaschen und Pumpen und Gummischläuchen.

Ein Operationssaal in einem Totenwagen! So hatten sie das Innere verändert.

Und mich hatten sie in diesem Leichenwagen wieder zum Leben erweckt.

›Ihr seid also doch noch gekommen!‹ flüsterte ich einem der Leute zu, die an der Seite standen und auch weiße Masken vor dem Gesicht trugen, die die Augen frei ließen. Aber an den Augen erkannte ich, daß diese Männer nicht Ärzte waren, sondern Leute von uns.

Die Männer mit den bösen Augen nickten nur. Was sollten sie viel erzählen? Der Boß hatte Anweisung gegeben, daß der berühmte Dr. X herbeigeholt werde, und alles andere hatten sie dann organisiert. Es hatte viel Geld gekostet, über einflußreiche Senatoren den Gouverneur zu veranlassen, den toten Fred Philipps freizugeben. Aber sie hatten es durchgesetzt.

Und so kam es, daß ich wieder lebte.

Aber – wenn ich allein bin und die Augen schließe, dann versuche ich, immer wieder an den großen grünen Raum zu denken, der sich wie ein

Dom über mir wölbte. Und ich habe Angst vor der Gestalt, vor dem Ungetüm mit dem breiten Mund und den schräggestellten Augen, auch wenn ich dieses Ungeheuer zwischen meinen Händen zermalmen konnte...«

Von diesem grünen Dom sprach Fred Philipps für den ganzen Rest seines Lebens. Man befragte ein paarmal Dr. X deswegen, weil man glaubte, es handle sich um eine fixe Idee, um den Anfang einer geistigen Erkrankung oder etwas Ähnliches. Aber jener Dr. X hatte nur den Kopf geschüttelt und gemeint:
»Ganz kommt man über solche Erlebnisse nicht hinweg. Wir wollen lieber seinen Schädel in Ruhe lassen. Es kann sein, daß hier oder da ein paar Gehirnzellen unter der Wirkung der elektrischen Stromstöße verklebt sind und daher diese Vorstellung eines riesigen Raumes entstanden ist. Also gewissermaßen eine Anomalie in der Gehirnrinde, die er aber überstehen wird. Lassen wir ihn ruhig bei seiner Erinnerung an den grünen Dom. Wenn er nichts Schlimmeres davon zurückbehält als diese Erinnerung...«
Fred Philipps war robust genug, um über alles andere hinwegzukommen. Nur ganz zuletzt, als er schon in Mexiko lebte, wohin man ihn geschafft hatte für den Fall, daß es sich herumspräche, daß Philipps gar nicht tot sei, begann er zu trinken. Er trank, weil er mit dem Ungeheuer, das nach versengten Haaren roch, nicht mehr fertig werden konnte – des Nachts.
Und aus diesem Trinken erwuchs dann seine Leberzirrhose. Und an der Leberzirrhose ging er zugrunde. Da konnte auch Dr. X nicht mehr helfen.

Man hat niemals genau erfahren, ob Dr. Cornish selbst derjenige war, der die Rolle des Dr. X spielte und Fred Philipps aus der Ewigkeit wieder zurückholte. Es versteht sich, daß ein Mann wie Dr. Cornish niemals zugeben durfte, einen Menschen, den ein Gericht eines Staates der USA zum Tode verurteilt und hingerichtet hatte, zu neuem Leben erweckt zu haben. Sein wissenschaftlicher Ruf, die Freiheit seiner wissenschaftlichen Arbeit – alles stand auf dem Spiel.
Dr. Cornish ist noch heute ein berühmter Mann, dessen Experimente nicht nur in Amerika, sondern weit über die Grenzen der USA hinaus beachtet werden.
Erst sprach man nur von den Hundeversuchsreihen des Dr. Robert E. Cornish. Er behauptete, in der Lage zu sein, mit einer Kochsalzlösung, die eine stark belebende Wirkung hatte, Tiere ins Leben zurückrufen zu können, die schon vor zehn Tagen gestorben waren. Allerdings machte er zur Bedingung, daß die Tiere sofort nach Eintritt des Todes in eine Kältekammer gebracht wurden, so daß jeder Verfall, jede Verwesung verhindert werden konnte. Sein berühmtes Experiment mit dem Foxterrier Lazarus II wurde in Fachkreisen viel besprochen. Lazarus II war mit

Stickstoff und Äther betäubt worden. Nach sechs Minuten hörte das Herz des Hundes auf zu schlagen. Der Arzt öffnete dem offenbar toten Tier eine Vene und injizierte eine Salzlösung, die mit Sauerstoff gesättigt war und eine größere Menge Adrenalin, einen Leberextrakt und ein wenig Kaninchenblut enthielt, dem aber die gerinnenden Bestandteile entzogen worden waren.

So legte man Lazarus II in die Kältekammer. Und aus dieser Kältekammer holte man ihn wieder heraus und begann, ihm Sauerstoff ins Maul zu blasen und den Hundekörper zu massieren und ihn in schaukelnde Bewegung zu versetzen. Das Ergebnis war: Nach wenigen Minuten begann der Hund mit den Beinen zu zucken. Dann begann das Herz zu schlagen. Lazarus II lebte achtzehn Stunden und dreizehn Minuten in einem entsetzlichen Zustand zwischen Leben und Tod. Lazarus II winselte, atmete und bewegte sich. Doch als man ihm eine Traubenzuckerlösung injizierte, um das Leben in diesem Körper festzuhalten, da streckte sich Lazarus II und war für immer tot.

Warum Dr. Robert E. Cornish diese Experimente machte? Sein Lehrer war Dr. George Washington Crile gewesen. Dr. Crile hatte schon vor vierzig Jahren von der Möglichkeit gesprochen, tote Lebewesen wieder beseelen zu können.

Dr. Cornish hat einen neuen vertraulichen Rundruf an alle ergehen lassen, die bereit sind, sich für ein Experiment zwischen Leben und Tod zur Verfügung zu stellen. Er sucht Freiwillige für Todesexperimente, denen er zusichert, daß er sie fünfzehn Minuten nach Eintritt des Todes mit Hilfe seiner Kochsalzlösung wieder ins Dasein zurückruft.

Aber unter allen Experimenten, die Dr. Cornish machte oder von denen die Welt erfuhr, war jenes mit Fred Philipps unzweifelhaft das bemerkenswerteste. Man hat nur niemals genau erfahren, ob der Mann mit dem stechenden Blick hinter den dicken Brillengläsern Dr. Cornish war, ob jener Dr. X gewesen ist, der hinter den Kulissen das Experiment durchführte, das ihm die Gouverneure und Regierungschefs aller Staaten dieser Erde bislang verwehrten: mit Hingerichteten Todesexperimente ausführen zu können um den Preis, sie wieder ins Dasein zurückzurufen, wenn das Experiment gelinge.

Man hatte ihm die Möglichkeit verwehrt – aus juristischen Gründen. Deshalb sucht er heute nach Freiwilligen.

Über die Erlebnisse jener, die er vom Tode zum Leben beförderte, hat Dr. Cornish nichts Abschließendes gesagt. Vorläufig arbeitet er nur als Physiologe und Biologe. Zu einem späteren Termin will er versuchen, über das Spiel zwischen Tod und Leben hinaus auch die Geheimnisse der Seele zu erkunden, wenn sie zwischen Diesseits und Jenseits um Sein oder Nichtsein ringt.

»Laß mich denn weilen in jenem Lande des Einklangs und der Ge-
rechtigkeit,
Auf daß ich grausam nicht im Alleinsein
Verlassen werde; denn ich bin jetzt der Bürger
Eines Weltalls geworden, wo das Auge, erlahmt,
Nichts wahrnimmt. AN ist mein Name...
O könnt ich weilen inmitten der geheiligten Geister,
Vollkommen und mächtig!«

Ägyptisches Totenbuch, Kapitel 163

5

Drei Wochen auf der anderen Seite

Eine Frau stirbt jede Woche zweimal
»Ich wurde immer jünger...«
Dr. Cannon arbeitet mit der Rückerinnerung

»Und Sie haben alle Hoffnung aufgegeben, Doktor?«
»Nach menschlichem Ermessen – ja. Wissen Sie, es gibt bei diesen Fieber-
erkrankungen ein Maß, das nicht überschritten werden darf. Wird es aber
überschritten, dann ... kann der Patient nicht in seinem Organismus, mit
seinem Blut Widerstand leisten. Er ist verloren.«
»Aber Frau Theresa Laffeld hat doch schon mehrere Anfälle, bei denen
das Fieber bis auf 48 Grad stieg, überstanden und befand sich nach diesen
Anfällen recht wohl. Jedenfalls relativ zu dem Gesundheitszustand, von
dem dieses Fieber ausging...«
»Ausnahmen, reine Ausnahmen. Zufälle, die ich mir noch nicht erklären
kann. Sie wissen, daß bei einem normalen Menschen das Fieber bis auf
43 Grad steigen kann. Bei Malaria noch ein wenig höher. Aber alles, was
darüber ist, bedeutet Tod und Verlöschen des Lebens.
Ich habe jetzt eine Praxis von rund 40 Jahren hinter mir. Ich habe viele
Menschen krank und sterbend gesehen. Ich habe zweimal Temperaturen
bis 44 Grad erlebt. Aber darüber – liegt der Tod. Das Blut beginnt, wie
ich es praktisch dreimal erlebte, regelrecht zu gerinnen.«
»Aber Frau Laffeld ist doch nicht tot; sie lebt doch. Und wir haben das
Fieberthermometer besonders geeicht für diesen Fall. Ein Irrtum ist nicht
möglich!«
»Sie haben recht. Frau Laffeld ist eine Sensation. Mit ihren 26 Jahren bedeutet diese junge Frau unbedingt ein Phänomen. Sie müßte längst tot
sein. Und statt dessen stirbt sie praktisch jede Woche zweimal – und lebt

weiter. Ich vermute, daß diese seltsame Entzündung der inneren Herzhaut, an der sie leidet, Vorgänge im Organismus erzeugt, die wir noch nicht kennen und die den schnellen Temperaturwechsel erklären.«
»Und wie denken Sie sich das Ende?«
»Ziemlich plötzlich! Auf die Dauer kann das Blut genausowenig wie der Körper derartige Strapazen, die über allem Menschenmöglichen liegen, mitmachen.
Ich vermute, daß dieses Erwachen der Frau zu einem halbwegs klaren Bewußtsein nach und nach aufhören wird. Sie gerät dann in einen Dämmerzustand, in einen dauernden Schlafzustand, in welchem diese heftigen Fieberstöße weiter anhalten und den Organismus tödlich unterminieren.«

Prof. Johns, der als Chefarzt des kleinen Krankenhauses in Whitechapel in London Theresa Laffeld zu betreuen hatte, schien in den nächsten Tagen mit seiner Prognose recht zu behalten. Theresa Laffeld, die längst hätte tot sein müssen, versank zwischen den Fieberanfällen in eine Art Lähmungszustand, der zeitweilig den Charakter eines Starrkrampfes aufwies.
»Eines Tages wird sie uns so unter den Händen entschlafen. Sie ist ja sowieso schon praktisch tot. Sie reagiert nicht mehr. Sie atmet nur noch und erlebt ihre Fieberkrisen, die allein schon ausreichen müßten, um sie zu töten.«
Aber dann auf einmal wurde alles ganz anders. Die Fieberanfälle ließen nach. Man glaubte an ein Wunder. Und dieses Wunder wurde Wirklichkeit.
Eines Tages öffnete Theresa Laffeld die Augen und – erkundigte sich verwundert nach dem Datum. Sie war genaugenommen drei Wochen auf der anderen Seite gewesen – drei Wochen tot –, ganz und gar tot...
»Und was haben Sie in dieser langen Zeit gehört, gesehen und geträumt? Oder war alles dunkel? Haben Sie nur geschlafen?«
Theresa Laffeld schaute den Arzt, der diese Frage an sie richtete, lange an und drehte dann das Gesicht zur Wand. Der Arzt fragte nicht weiter. Er wußte, daß diese Frau nicht sprechen wollte oder nicht sprechen konnte. Er hatte schon zweimal Menschen aus dem Tod zum Leben zurückerwachen sehen – einmal einen Ertrunkenen und einmal einen Erhängten. Und sie hatten beide nicht gesprochen. Aber die beiden Männer waren nur wenige Minuten »auf der anderen Seite« gewesen. Und diese Frau – drei Wochen. Dieser Gedanke ließ den Arzt nicht mehr los. Er mußte mehr wissen. Er mußte etwas aus ihr herausholen.
Er rief bei einem alten Freund an, der in der psychiatrischen Klinik in London-Westend arbeitete, und fragte ihn um Rat.
»Eine interessante Sache. Weißt du was, ich komme zu dir hinaus. Kann

ich mit dabeisein? Wir werden durch eine Injektion, wenn deine Patientin stark genug ist, eine künstliche Hypnose, einen Schlaf einleiten, der nur gewisse Gehirnteile befällt, es aber gestattet, die Regungen des Unterbewußtseins, ferner das Erinnerungsvermögen ganz klar nach oben durchdringen zu lassen, wenn wir es wollen...

Ich bin heute abend gegen zehn Uhr bei dir. Sag deiner Patientin, es handle sich um eine Nachuntersuchung, verbunden mit einer Kontrolle der Gehirnwellen, um die Normalisierung ihrer geistigen Tätigkeit zu überprüfen. Man muß dem Patienten wenigstens eine Erklärung bieten.«

»Und haben wir das Recht, dieses Experiment durchzuführen und die Fragen zu stellen?«

»Solange wir leben, werden wir das, was wir wissen, für uns behalten. Vielleicht auch so lange, wie diese Frau lebt. Das liegt ja bei uns. Wir haben dann unserer Schweigepflicht genügt, gleichzeitig aber der wissenschaftlichen Forschung auf diesem Gebiet, wenigstens für einen späteren Termin, gedient.«

»Ganz ruhig atmen! Theresa Laffeld – ganz ruhig atmen! Du bist Theresa Laffeld, 26 Jahre alt, geboren in Manchester.

Erinnere dich an das zurück, was du in den drei Wochen deines Totenschlafes erlebt, gesehen und gehört hast. Besinne dich auf alles.

Was sahst du zuerst, als du einschliefst – vor drei Wochen, als du nach dem Fieberanfall vom 23. Januar nicht mehr wach wurdest?«

Die Patientin schien in ihrem künstlichen hypnotischen Schlaf Qualen durchzumachen, weil sich in ihr irgend etwas gegen das Sprechen stemmte. Aber der Psychiater wurde energischer mit seinen Befehlen. Er wollte alles wissen:

»Theresa Laffeld! Du wirst sprechen! Du erinnerst dich! Sprich!«

Die Lippen der Theresa Laffeld bewegten sich. Sie konnte dem Befehl, den ihr dieser Mann gab und der in ihrem Hirn wie ein Kommando widerzuhallen schien, nicht widerstehen.

»Ich wurde immer jünger. Ich war auf einmal nicht mehr 26 Jahre – sondern ein ganz junges Mädchen. Und dann wurde ich noch jünger. Ich war ein Kind, ein ganz kleines Kind. Ich spielte auf dem Schoß meiner Mutter. Aber ich schien dahinzuschmelzen. Ich wurde noch winziger. Und dann...«

»Besinn dich, Theresa! Damit ist es nicht zu Ende. Das ist nur der Anfang. Du warst ganz klein. Es ist alles dunkel um dich her. Du bist noch nicht geboren. Aber – was war vorher? Woher kamst du in das Dunkel in deiner Mutter?«

»Ich bin ein sehr alter Mann, der im Sterben liegt. Nein – ich bin schon tot. Aber ich komme nicht zur Ruhe, weil ich, auch als ich lebte, so unruhig war und die Welt rastlos durchstreifte. Ich hieß damals ... als ich noch als Mann lebte ... John Clavel.

Ich hatte ein schweres Sterben. Ein sehr schweres Scheiden aus dieser Welt. Wohl weil ich so böse war – vor allem gegenüber einer Frau. Diese Frau war ganz jung zu mir gekommen, als ich schon ein uralter Mann war. Sie liebte mich, und ich mißhandelte sie. Ja, so war ich – ich, John Clavel!

Als ich jung war ... ich erlebte dieses ganze Dasein rückwärts – also nicht von der Geburt bis zum Tode, sondern vom Tode bis zu der Geburt. Wie war es doch? Als ich ganz jung war, tat ich in irgendeiner Armee Dienst. Ich fuhr auch über ein Wasser und davor ...«

»Hörst du, John Clavel! John Clavel! Du mußt sprechen! Du kannst nicht entwischen!«

»Ja, ich muß sprechen. Als ich tot war, suchte ich eine Frau, die ein Kind gebären sollte, und ich fand dann die Mutter dieses Mädchens – dieser Therese Laffeld ...

Und als ich jung war, ganz jung – da wohnte ich irgendwo auf dem europäischen Festland. Ich hatte eine Mutter, die von einem Mann verlassen wurde. Sie hat, während alles noch dunkel um mich her war, viel meinetwegen geweint. Ganze Nächte lang geweint. Und ich hörte dieses Weinen und war doch noch im Dunkeln ...«

»John Clavel! Was war vor dem Dunkel, das dich umgab? Es war doch etwas vorher? Du mußt dich erinnern!«

»Eine sehr alte Frau, die über die Menschen Böses sprach, saß in einem kleinen steinernen Haus und wartete auf ihren Tod. Aber sie haßte und schimpfte bis zum letzten Augenblick.

Das ist mein Übergang vom Dunkel zu einem anderen Menschen, der stirbt.

Ja, ich bin böse – ich heiße Philomene Carter.

Ich hasse die Menschen, wie die Menschen mich hassen. Ich war einmal schön wie andere junge Frauen. Aber der Mann, den ich liebte, ließ mich sitzen, weil eine andere reicher war. Da lernte ich die Menschen hassen. Und diesen Haß habe ich ihnen bis an mein Ende nachgetragen. Warum sollte ich den Menschen Gutes wollen, nachdem mir von den Menschen nur Unheil gekommen war!

Ich war sehr schön ... Aber das ist lange her ... Das ist mehr als ... ich kann die Jahre nicht berechnen. Aber...«

»Prüfe einmal den Puls der Patientin!«

»Zu schnell. Wir müssen vorsichtig sein. Ich habe schon eben festgestellt, als wir an die Übergänge kamen, an die Existenz zwischen den beiden Leben, an die Phase, die die jeweiligen Perioden voneinander trennt, daß dann die Patientin ganz heftig reagierte ...«

»Ja, dann ist es besser, wir brechen das Experiment für heute ab. Vielleicht haben wir zu einem anderen Zeitpunkt noch eine Gelegenheit, diesen merkwürdigen Abstieg in die Vergangenheit eines Menschen, der viele Leben gehabt zu haben scheint, fortzusetzen.

Wir wollen sie ganz ruhig schlafen lassen. Bleib vielleicht noch eine Stunde bei ihr. Dann versuchen wir, sie zu erwecken. Ich gehe inzwischen in das Laboratorium hinüber und prüfe die Filme, mit denen wir die Gehirnwellen aufgenommen haben, die während dieses Experimentes auf unseren Registrierapparat übertragen wurden.«

»Ist sie immer noch nicht wach? Ich habe die Filme geprüft. Ich habe nie so etwas gesehen. Erst nur Alpha-Wellen, dann ein rascher Übergang zu Beta, dann auf einmal eine Erscheinung auf dem Film, als ob mit einer Glühlampe hineingefunkt worden wäre – ein ganz lichter Kreis wie eine Aura um eine vernebelte Sonne..«

»Das wäre also genau an den Übergängen, von denen ich dir schon sagte, daß dann der Puls so unregelmäßig ging.«

Die beiden Ärzte hatten über dieses Erlebnis genau Buch geführt. Die Experimente konnten sie nicht fortsetzen, weil mit einer bisher an dieser Patientin nie beobachteten Hartnäckigkeit Theresa Laffeld am nächsten Tag verlangte, entlassen zu werden. Sie sagte dem Arzt nicht, weshalb sie ging. Sie schaute ihn kaum mehr an. Dabei wußte sie nichts von alldem, was mit ihr in diesem künstlichen hypnotischen Schlaf geschehen war. Sie verschwand aus dem Krankenhaus, sie verschwand aus London. Als der Arzt zusammen mit seinem Freund, dem Psychiater, einige Zeit später nach ihr suchte, fand man keine Spur mehr von ihr. So blieben diese interessanten Aufzeichnungen eines Menschen, der drei Wochen auf der anderen Seite war, nur Bruchstücke – Bruchstücke, wie alle ähnlichen Versuche, Erlebnisse von Menschen, die allzu nahe an das Jenseits herangekommen waren, gegen deren Willen auf Zelluloidstreifen, auf Schallplatten und auf Stenogrammblöcke zu bannen...

Jener Arzt in Whitechapel, der den Zustand seiner Patientin Laffeld für seine Zwecke und für die Wissenschaft auswerten wollte, war selbstverständlich nicht der erste, der an die Möglichkeit gedacht hatte, Menschen in einem kranken oder sterbenden oder irgendwie künstlich vertieften Zustand zu zwingen, sich zurückzuerinnern.

»Ganz gleich, ob man nun an eine Wiedergeburt, an eine Reinkarnation, an eine Seelenwanderung glaubt oder nicht, es ist doch bemerkenswert, wie alle derartigen Experimente das Resultat zeigen, daß die Menschen sich an frühere Existenzen erinnern.« Das ist die Feststellung des berühmten Psychiaters Dr. Alexander Cannon, der einzigartige psychologische Experimente durchführte und Versuchsreihen beendete, die außerhalb aller irdischen Psychologie liegen, aber doch nicht in das Gebiet der noch nicht klar umrissenen Parapsychologie hineinragen.

Auch er arbeitete mit der Rückerinnerung der Menschen bis in die Zeit vor der Geburt. Er hatte alle möglichen Menschentypen für diese Experimente herangezogen. Es war eigenartig festzustellen, daß bei manchen jede Rückerinnerung schon versagte, wenn man bis an das dritte Lebensjahr kam. Und bei anderen war es ohne weiteres möglich, bis in die Zeit vor der Geburt rückforschend einzudringen.

»Wenn ich derartige Personen in einen Trancezustand versetzt habe und sie zwinge, sich zu besinnen, dann wird der Film ihres Erlebens einfach rückwärts abgedreht. Und glückt es dann, noch weiter vorzudringen, dann beginnt die Darstellung mit der Schilderung eines alten Menschen, der nach und nach wieder jünger wird...«

Das ergäbe also eine Parallele zu den Versuchen, die jener Arzt mit Theresa Laffeld im Krankenhaus von Whitechapel unternahm. Doch an einer Stelle – und zwar nachdem sich Dr. Alexander Cannon bei einem Experiment durch nicht weniger als sechs Leben hindurchgearbeitet hatte und beim siebten Leben angekommen war – stieß er auf etwas Absonderliches, was er dann bei Wiederholungsversuchen mehrfach noch registrierte, was aber außer ihm sonst niemand feststellte:

Vor dem siebenten Leben oder im Übergang von einem früheren achten Leben oder aus dem Nichts zum siebenten Leben ergab sich zwischen dem Unbekannten, also dem Nichts, oder dem achten Leben ein sogenanntes Band, ein Lichtband, das den Menschen in dieses siebente Leben hineinleitete. Er schwebte auf diesem siebenten Leben, als ob er Flügel hätte, als ob für ihn die Erdenschwere nicht mehr existierte. Und dabei hatten sonst die Existenzen in allen vorhergehenden sechs Leben genauso mühsam mit den Leiden und Lasten unseres Daseins zu kämpfen wie wir alle, die wir erdgebunden sind und nicht durch einen Dr. Cannon oder einen anderen Psychiater in eine Welt zurückversetzt werden, von der wir höchstens träumen können, aber nichts wissen.

Nein, nichts wissen! Genausowenig, wie die Menschen, die Dr. Cannon in Hypnose versetzte, nachher etwas von dem wußten, was sie in hypnotischem Zustand aus ihren früheren Existenzen erzählt hatten.

»Aber es ist für den Parapsychologen bemerkenswert festzustellen, daß die Schilderungen dieser Menschen immer nur rückläufig sind – aber nicht vorwärts – in das Leben, in die rätselhafte Existenz hinein, in der die Seele eines fast schon Verstorbenen beinahe weilen müßte. Es liegt wohl daran, daß diese Menschen, die man zu den Experimenten heranzog, dem Tod weniger nahe waren, als die Ärzte glaubten, und daß sich in der Zeit ihres scheinbar totenähnlichen Schlafs nichts anderes ereignete als eine Rückerinnerung an verflossene Existenzen, eine Rückerinnerung, die vielleicht an einem bestimmten Punkt in den echten Tod hineinmünden mußte...

Jedenfalls ist diesen Schilderungen der Rückerinnerungen in frühere Leben hinein als Resultat zu entnehmen, daß die Darstellungen ganz anders lauten als alle Schilderungen von Menschen, die von sich sagen können, daß sie schon einmal tot waren.

Dieses zu lange Sterben, dieses langsame und beschauliche Verweilen auf der Klippe zwischen hier und der anderen Seite gibt offenbar der Seele, die den Ausweg sucht, nicht die Möglichkeit, die Flucht anzutreten, die wirklich auf das andere Ufer führt. Aber diese Erlebnisse liegen doch nahe beieinander. Es muß nur eine dünne Scheidewand zwischen ihnen vorhanden sein. Jenes Lichtband, das das werdende Wesen mit dem Nichts verbindet – mit dem Nichts oder mit einer anderen vorhergehenden Existenz –, taucht in vielen Schilderungen von Menschen auf, die dem Tode ganz nahe waren. Und dieses Lichtband dürfte die Verbindung sein zwischen dem, was wir sonst vom Jenseits wissen, und dem, was uns Menschen berichteten, die für Tage oder für Wochen auf der anderen Seite gewesen zu sein glauben...«

Das ist das Gutachten des Parapsychologen zu diesen Vorgängen. Natürlich ist ein Unterschied zwischen einem echten oder künstlichen hypnotischen Schlaf, der Barrieren niederreißt, und jenem anderen großen, um nicht zu sagen größten Ereignis (nach der Geburt eines Menschen) – dem Tode. Aber die Dinge berühren sich. Sie berühren sich vor allem in dem Verhalten jener, die Erlebnisse zu berichten haben. Ihre Lippen sind verschlossen. Sie schauen zur Wand. Man kann sie nur mit geschickten Zaubergriffen der medizinischen Seelenbeeinflussung dazu bringen, in einem seltsamen Zustand von Halbschlaf flüsternd von dem zu erzählen, was drüben oder zwischen Diesseits und Jenseits war...

Der wollte nicht leben, der nicht sterben will. Denn das Leben ist uns mit der Bedingung des Todes geschenkt; es ist der Weg zu diesem Ziel. Unsinnig ist es daher, den Tod zu fürchten; denn nur das Ungewisse fürchtet man, dem Gewissen sieht man entgegen. Der Tod bedeutet eine gerechte und unabwendbare Notwendigkeit. Wer sollte sich beklagen, in einer Lage zu sein, in der sich alle ausnahmslos befinden. Das vornehmste Gesetz der Gerechtigkeit ist Gleichheit. Daher wäre es unangebracht, der Natur dies vorzuhalten, daß sie für uns kein anderes Gesetz gelten lassen wollte als für sich selbst. Was sie vereinigte, trennt sie wieder, und was sie trennte, vereinigt sie wieder.

Lucius Annaeus Seneca d. J.

6

»Ich fürchte mich nie mehr vor dem Sterben!«

Daniel Gélin wollte sich nicht von seinem toten Sohn trennen
»Mein Ich löste sich vom Körper!«
James Lorne will bereitwillig gehen

Unter dem aufgerissenen Hemd beide Hände in die Brust gekrallt, lag der Mann im Polstersessel. Er baumelte neben dem Tischbein, als der Etagenkellner ins Zimmer stürzte.
Der Mund des Mannes öffnete sich, aber kein Wort, sondern nur ein leises Stöhnen kam über seine Lippen. In seinen glanzlosen Augen stand nichts als die nackte Angst.
Im nächsten Augenblick neigte sich der Kopf mit dem fahl schimmernden Gesicht zur Seite, die Finger lösten sich aus ihrer Verkrampfung, und die Arme fielen schlaff herunter...
Ein Arzt, ein eilig herbeigerufener Krankenwagen – mit Blaulicht wurde der Bewußtlose in das Danolo-Hospital gebracht.

Der Mann, der in seiner Suite eines Luxushotels in Tel Aviv an diesem 29. Juni 1971 mit letzter Kraft zum Telefon gegriffen und mit flüsternder, kaum verständlicher Stimme um Hilfe gebeten hatte, war der französische Schauspieler Daniel Gélin, vor Jahren gefeierter Filmstar, den man in ganz Europa kannte.
Anläßlich der internationalen Filmwoche war er nach Israel gereist, wie schon oft in den vergangenen Jahren. Nie zuvor schien ihm die trockene

Hitze etwas anzuhaben, die dort in diesen Sommermonaten zuweilen für einen Mitteleuropäer unerträglich wird.

Aber im Mai hatte er seinen 50. Geburtstag gefeiert. Fünfzig Jahre – das gefährliche Alter, insbesondere für einen Menschen, der auf ein Leben zurückblickt, das mit seinen Höhen und Abgründen tiefe Spuren hinterlassen mußte.

Wie dem auch sei – lassen wir ihn selbst seine Erlebnisse im Danolo-Hospital schildern:

»Ich erwachte von qualvollen Schmerzen in der Herzgegend. Vor mir stand eine weißgekleidete Gestalt, von der ich heute weiß, daß sie ein Arzt war. Dann senkte sich jäh ein schwarzer Schleier vor meine Augen. Ich war tot, ohne mir sofort darüber klar zu sein. Nur eins begriff ich: Obwohl mein Zustand nicht schmerzfrei war, fühlte ich die Last von mir genommen, die stundenlang meine Brust zu sprengen drohte. Brauchte ich nur aufzustehen, um das normale Leben weiterzuführen?

Während ich meine Umgebung betrachtete, geschah irgend etwas Seltsames mit mir. Ich schwebte plötzlich durch das Zimmer und bewegte mich wie ein Schatten zu dem Gerät, das meinen Herzschlag aufzuzeichnen hatte. Mit Erschrecken stellte ich fest, daß die Nadel sich nicht bewegte und mein Herz zum Stillstand gelangt war.

Ich öffnete den Mund, um eine Frage zu stellen, aber kein Ton kam über meine Lippen.

Der Arzt beugte sich über das Bett. Von meinem Schwebezustand aus nahm ich wahr, daß dort mein Körper lag. Der Arzt machte eine intravenöse Injektion und wartete mit sichtlicher Anspannung, ob sich eine Wirkung zeigen würde. Als nichts geschah, wandte er sich seufzend ab. Die Assistentin an seiner Seite hob das Bettuch und bedeckte damit mein Gesicht.

In diesem Augenblick begann ich vor Entsetzen zu flehen: ›Retten Sie mich! Überlassen Sie mich nicht dem Tode!‹

Aber es war mir nicht möglich, mich verständlich zu machen, denn niemand hörte, was ich mit aller Kraft hinausschrie. Nachdem ich die Zwecklosigkeit meiner Anstrengungen eingesehen hatte, versuchte ich einen anderen Weg. Ich klammerte mich in Gedanken an alles, was ich liebte. Mit der ganzen Konzentration, deren mein Geist fähig war, richtete ich die Gedanken auf meine Kinder. Aber auch dieser Versuch war vergeblich, denn die Gesichter, die ich mir vorstellen wollte, blieben flüchtig, nebelhaft und undeutlich. Wie eine Litanei murmelte ich die Vornamen meiner Kinder: Zazie, Manuel, Fiona – immer in der gleichen Reihenfolge: Zazie, Manuel, Fiona...

Nichts geschah. Niemand kam mir zu Hilfe, und ich mußte einsehen, daß alles, was mein Leben und mein Glück auf Erden ausgemacht hatte, fern von mir blieb.

Seit der Trennung von meinem irdischen Körper war ich an den Punkt meiner größten Verzweiflung und tiefsten Einsamkeit gelangt. Zu Lebzeiten hatte der Tod für mich keinen Schrecken besessen. Aber die Leere, in der ich mich in diesem Zustand befand, war wirklich grauenhaft.

In meinem neuen, nach-tödlichen Wesen war ich leicht und ungreifbar geworden. Alles, was in meiner Umgebung wahrzunehmen war, hatte ich noch nie bemerkt. Sobald ich mich nur rührte, geriet eine feine, strahlende Staubmasse in Bewegung. Die Teilchen erweckten in mir die Vorstellung von Sternenstaub. Der Himmel, der wie eine Kuppel über mir lag, war von unwirklicher Klarheit und zeigte ein ganz helles Blau, das rein und durchsichtig erschien.

Allmählich machte meine erste Verzweiflung einer gewissen Heiterkeit Platz. Ich bin Bretone und gläubig im christlichen Sinne.

Die Schatten, die mich plötzlich umgaben, erweckten die Vorstellung in mir, daß es sich um meine Eltern handeln mußte, und tatsächlich erkannte ich in ihnen meinen Vater und meine Mutter. Eine unbändige Freude erfüllte mein Herz. Der Tod hatte mir die Eltern in einer kurzen Zeitspanne nacheinander entrissen. In Saint-Malo, wo sie ihr Leben verbracht hatten, waren sie beigesetzt worden – in der Stadt meiner Kindheit und meiner Jugendzeit.

Es war für mich ein unvorstellbares Wunder, meine Eltern unter der großen Sonne eines glücklichen Jenseits wiederzufinden.

Nur ganz allmählich wurden die Umrisse des Vaters und der Mutter deutlicher und nahmen schließlich vor meinen erstaunten Augen feste Formen an, so daß ich ihre Gesichter klar erkennen konnte. Mein Vater mit den tiefgeschnittenen Wetterfalten im Gesicht und die sich zu Lebzeiten immer zurückhaltende, zierliche Mutter mit dem zärtlichen Lächeln von ehedem standen jetzt vor mir. Ein tiefes Glücksgefühl erfaßte mich, als ich beide in meine Arme nehmen konnte.

Aber es schien mir, als würde mich noch eine größere Freude erwarten. Meine Mutter machte eine Bewegung, mit der sie mich schon als Kind bei der Hand genommen hatte, um mit mir an den Hafen hinunterzugehen, wo die Rance vorbei an kleinen Inseln und Klippen ins Meer fließt, oder um durch die engen Straßen und Gassen unserer kleinen Stadt, die auf einem vorspringenden Felsen liegt, zu bummeln. Diesmal geleitete sie mich an eine geheimnisvolle Stätte, die ich sicherlich ohne ihre behutsame Führung niemals entdeckt hätte.

Wir begaben uns in eine rosafarbene Welt, eine Art Märchengarten, angefüllt mit wunderbaren Blumen. Hier spielten und lachten fast überall Kinder. Ich hörte plötzlich meine Mutter flüstern: ›Pascal ist hier. Schau nur, wie glücklich er sich fühlt.‹

Jetzt sah ich ihn ebenfalls – Pascal, meinen Sohn, der mit 14 Monaten durch einen tragischen Unfall von uns gegangen war. Sein Gesicht war rund und rosig, die Haare blond und die Hände klein und fleischig. Der Tod dieses Jungen hatte mich damals vor Schmerz fast umgebracht. Jetzt fand ich ihn als lächelndes Büblein in dem zauberhaften Rahmen dieses jenseitigen Gartens wieder. Er stolperte eilends mit seinen kleinen, noch ungeschickten Beinen auf mich zu.

Tränen der Freude rannen aus meinen Augen, und ein tiefes, warmes Glücksgefühl durchströmte mich. Trotzdem mußte ich an den schrecklichen Tag denken, als mir im Gang des Krankenhauses eine Ordensschwester mitteilte, daß es keine Möglichkeit zur Rettung gegeben hatte. Die Dosis der Schlaftabletten, die er in einem unbewachten Augenblick geschluckt hatte, war tödlich gewesen.

Mit tröstender Stimme fügte die Schwester damals hinzu: ›Jetzt ist ein Engel mehr im Himmel!‹

Diese Worte verursachten bei mir eine Schockwirkung. In meiner Verzweiflung erhob sich meine Hand ganz automatisch zu einer Ohrfeige.

Jetzt begriff ich, daß die Nonne recht gehabt hatte und daß der Tod nicht ein grausames Ende des Lebens darstellt. Ich entdeckte, daß es nach dem Erdendasein mehr gab als nur ein trauriges, hoffnungsloses Nichts.

Im Überschwang meiner Gefühle wollte ich Pascal entgegenlaufen und ihn in meine Arme schließen. Aber als meine Hand ihn berührte, veränderte sich alles um mich. Sowohl der kleine Pascal wie auch mein Vater waren verschwunden. Nur meine Mutter konnte ich noch undeutlich erkennen. Als ich begriff, das alles soeben Wahrgenommene endgültig wie ein Trugbild verschwunden war, begann ich vor Verzweiflung laut zu schreien. In diesem Augenblick hörte ich meine Mutter mit einem traurigen Unterton in der Stimme sagen: ›Geh nun, Daniel, es ist Zeit, das Leben wartet.‹

Aber was wollte ich jetzt noch vom Leben wissen? So wie ich mich in der Klinik mit aller Kraft gegen den Tod gewehrt hatte, leistete ich nunmehr heftigen Widerstand gegen die Rückkehr ins Leben. Ich wollte dort bleiben – an der Stätte, wo ich mich befand.

Wie ein Wahnsinniger tobte ich und schrie nach Pascal, den ich jetzt ein zweites Mal verloren hatte. Aber alles war vergeblich. Eine unwiderstehliche Kraft trug mich davon. Meine Schreie und Rufe verloren sich in einer grenzenlosen Welt ohne Licht und ohne Farbe. Von neuem folterte mich der Schmerz, und mein Herz machte mir auf eine unerträgliche Art zu schaffen.

Ich stieß einen ›letzten‹ Schrei aus, öffnete die Augen und wurde mir bewußt, daß ich lebte.

In meinem Kopf war nichts als eine gähnende Leere, und ich fühlte mich außerordentlich schwach. Aber den Arzt an meinem Bett konnte ich jetzt mit der weißen Gestalt identifizieren, die sich über meinen Körper gebeugt hatte. Wann eigentlich? Vor Minuten, vor Stunden, vor Tagen?

Als ich fragen wollte, legte die Krankenschwester ihren Finger auf die Lippen und bedeutete mir, mich ruhig zu verhalten. Sie und der Arzt machten einen sichtlich erleichterten Eindruck.

So schloß ich von neuem die Augen in der geheimen Erwartung, das Lächeln meiner Mutter, das harte Gesicht meines Vaters und den zufriedenen kleinen Pascal wiederzusehen. Aber statt dessen muß ich wohl in einen tiefen und traumlosen Schlaf gefallen sein.

Als ich unter der Sauerstoffmaske erwachte, versuchte der Arzt mir zu erklären, was er unternommen hatte, um mich dem Tode zu entreißen.

Für mich war es selbstverständlich, daß ich ihm nichts über meine Erlebnisse in der anderen Welt erzählte – zu einer Stunde, in der er alles darangesetzt hatte, um mir das Leben zu retten. Gleichfalls unterließ ich es, einige Wochen später mit der Krankenschwester darüber zu sprechen. Ich richtete lediglich die Frage an sie, ob man mich wirklich für tot gehalten und mein Gesicht mit einem Tuch bedeckt habe. Ich sehe die Krankenschwester noch jetzt – mit ihrem Lächeln, mit ihrem undurchdringlichen Gesichtsausdruck. Sie sagte nur, alle seien viel zu beschäftigt gewesen, um einen Toten zu behandeln. Meinem Bericht über das Jenseits hätte sie sicherlich keinen Glauben geschenkt. Also schwieg ich.«

Unwillkürlich erinnert man sich an den Film »Der Mann, der zuviel wußte«, in dem Daniel Gélin eine jener vielen Rollen spielte, die ihn Stufe um Stufe die Ruhmesleiter emporsteigen ließen.

Mit »Treffpunkt Quartier Latin« war ihm 1948 der große Durchbruch gelungen, und schon bald wählte ihn der exponierte Philosoph und Dramatiker Jean-Paul Sartre zum Hauptstar für seinen Film »Les mains sales« (Schmutzige Hände), bei dem der eigenwillige Existentialist selbst Regie führte.

Mit einer beglückenden Natürlichkeit spielte Daniel Gélin die Menschen unserer Zeit – hier den eifersüchtigen Ehemann oder den verliebten Studenten, dort den gescheiterten Idealisten oder den sterbenden Geheimagenten in der Maske eines Arabers, aber ebenso den Mansardenbohèmien vom Montmartre wie den hintergründigen Raubmörder, der dreist genug ist, in das Haus seines einzigen Belastungszeugen einzudringen, mit dessen Frau zu flirten und schließlich diesen Mann als Angeklagten vor den Kadi zu bringen.

Seine großen schwarzen Augen strahlten allerorts von Kinoplakaten und Titelseiten der Illustrierten – Augen, die ebenso klug und durchdringend wie verschlagen, listig und skeptisch blicken konnten.

Um seine Nasenpartie und seinen schmalen Mund spielte der ganze Eigenwille seines bretonischen Charakters, der allen Schwierigkeiten und Hindernissen mit einem eisenharten »Ich will« begegnete.

Zu einem Flirt – zu mehr reichte es auch im Privatleben des Spitzenstars nicht, weil ihn die Fülle seiner Aufgaben voll und ganz in Anspruch nahm.

Doch da begegnete er eines Tages der Frau, in die er sich Hals über Kopf verliebte und die er – wie es unter Schauspielern üblich ist – vom Fleck weg heiratete.

Daniel Gélin hat einmal mit vorsichtigen Worten angedeutet, welche Enttäuschungen diese Ehejahre mit Danielle Delorme für ihn mit sich brachten:

»Sie spielte nicht nur auf der Bühne ihre Rolle, sondern auch zu Hause...«

Aber die Filmfans, alle jene unzähligen Frauen und Mädchen, denen dieser leuchtende Stern am Filmhimmel zum Idol unserer Zeit geworden war, sahen nur die eine Seite: Er besaß alles, was das Leben lebenswert machte – Talent, Ruhm, Reichtum und die reizendste Frau, um die ihn Millionen Männer beneideten.

Und dann auf einmal trat Daniel Gélin in den Schatten...

Wohl kaum jemand faßt den Vorsatz, Alkoholiker oder Rauschgiftsüchtiger zu werden. Fast immer ist es das rauhe Leben, das den Menschen zur Flasche und zu Drogen greifen läßt.

Auch er wollte zunächst nur eine menschliche Krise und ein künstlerisches Tief, einen Erschöpfungszustand überwinden. Dann war es das Gefühl der Glückseligkeit, auf den höchsten Höhen seiner Triumphe zu wandeln, das ihn zum Opfer von Whisky und Heroin werden ließ.

Aus den Studios, in denen er immer seltener vor der Kamera stand, drang die Ursache für seinen tragischen Abstieg schnell an die Öffentlichkeit. Aber ebenso schnell vergaß man das Gesicht voller Rätsel, vergaß man den Komödianten mit den vielseitigen Möglichkeiten zu einem meisterlichen Spiel.

Und dann hielt er eines Tages das Manuskript zu einem neuen Film in seinen zitternden Händen. Er sollte sich selbst spielen – einen Rauschgiftsüchtigen –, sein eigenes Leben, seine Vergangenheit und das Stück Weg, das noch vor ihm lag – bis zum bitteren Ende.

Ekel schüttelte ihn. Da wußte er plötzlich: »Das könnte die Rettung sein!« Gleichzeitig dachte er an eine Frau. »Greif doch zu – greif doch auch nach der kleinen Hand, die sich dir entgegenstreckt – ehe es unwiderruflich zu spät ist!«

Sylvia, dieses mutige Mädchen, wollte ihm helfen. Alle anderen verachteten und demütigten ihn, alle hatten sie ihn fallengelassen, Freunde, Kollegen, Produzenten und – sogar seine eigene Frau.

Er war geflohen und hatte Sylvias Hilfe verschmäht – bis ihm dieses Manuskript, diese letzte Chance geboten wurde.

In erschütternden Worten hat Daniel Gélin den Weg an der Seite Sylvias zurück in die Gesellschaft geschildert. Sie und seine Kinder haben ihm geholfen, die gefährliche Klippe, die Angst vor einem Rückfall zu überwinden.

Wenn man seine Lebensgeschichte kennt, weiß man um die Zusammenhänge in seinem Bericht über die faszinierende Reise ins Jenseits – diesen Bericht, der mit den Worten schließt:

»Wenn ich mich zeitweilig kraftlos oder niedergeschlagen fühle, denke ich zurück an das Reich der Toten. Ich schließe die Augen, und das Leben im Licht, das mir offenbart wurde, kehrt als unvergeßliche Wirklichkeit zu mir zurück...«

Was Daniel Gélin zu erzählen hat, weicht nur in Einzelheiten von den eindrucksvollen Schilderungen all derer ab, die den Tod als angenehm empfanden und nicht wünschten, ins irdische Leben zurückzukehren.

Eine 76jährige Witwe bestärkte den New Yorker Arzt Dr. Frank Cosmos in seinem Glauben an die Verheißungen einer schöneren Welt.

Betty Patterson starb infolge eines Blinddarmdurchbruchs, konnte aber auf dem Operationstisch nach einigen Minuten wieder zum Leben erweckt werden. Ihre ersten Worte waren: »Niemals wieder werde ich mich vor dem Sterben fürchten!« Und sie fügte hinzu:

»Zunächst fühlte ich, wie mein eigentliches Ich sich von der Hülle meines Körpers trennte und zur Decke des Raumes schwebte. Von dort aus konnte ich meinen Körper auf dem Operationstisch betrachten. Dann entschwand die Szene aus meinem Gesichtsfeld, und ich war plötzlich von sanftem Licht und leiser Musik umgeben. Ein Gefühl tiefer Zufriedenheit, wie ich es noch nie im Leben gespürt hatte, überkam mich. Diese Empfindung überwältigte mich derart, daß ich keine Sehnsucht nach dem irdischen Leben empfand. Ich versuchte, mich in die Richtung zu bewegen, aus der die Klänge kamen, aber irgend etwas hinderte mich mit Gewalt daran. Wahrscheinlich war die Zeit für die endgültige Trennung von meinem Körper noch nicht gekommen.«

Ähnliche Erfahrungen machte in Los Angeles der 47jährige James Lorne.

Nach einem schweren Herzanfall war er für die Zeit von fünf Minuten tot. Für den behandelnden Arzt, Dr. Samuel Kassmann, bestand kein Zweifel an der Echtheit der folgenden Angaben. Er kannte James Lorne seit Jahren als einen ehrlichen Patienten, dessen Nüchternheit keine abergläubischen Vorstellungen oder mystischen Begebenheiten zuließ.

»Ich fühlte mich in die Höhe schweben, konnte meinen Körper deutlich liegen sehen, geriet jedoch in einen langen Gang, der von sanfter Dämmerung erfüllt war. An seinem Ende leuchtete ein helles Licht. Dort waren auch Stimmen zu vernehmen.

Als ich das Ende des Tunnels erreicht hatte, lag vor mir ein herrlicher Garten mit Bäumen, die jede denkbare Art von Früchten trugen. Auch Wiesen mit leuchtenden Blumen dehnten sich vor meinen Augen aus.

Überall standen Menschengruppen zusammen und unterhielten sich. Als ich mich nähern wollte, entfernte sich der Ausgang immer weiter von mir. Mein Rufen, meinen Wunsch, hier zu verbleiben, schien niemand wahrzunehmen.«

Als James Lorne später seine Frau und Kinder traurig und voller Besorgnis an seinem Bett stehen sah, glaubte er zu wissen, warum das Schicksal ihn noch einmal zurückgesandt hatte. Aber er versicherte ihnen:

»Wenn eines Tages die Zeit gekommen ist, wenn ich wirklich sterben muß, werde ich mich nicht dagegen wehren, sondern bereitwillig dem Ruf ins Jenseits folgen.«

Sorge dich nicht um das, was die Zukunft bringen mag, sondern strebe, innerlich fest und klar zu werden. Denn nicht wie dein Schicksal sich gestaltet, sondern wie du dich mit ihm abfindest, bringt dein Lebensglück.

Georg Friedrich Wilhelm Hegel (1770–1831)

7

Die Ballerina
blickt in den Spiegel der Zukunft

»Lodernde Flammen verloren ihre Schrecken!«
Janine Charrats hauchdünne Chance
Curd Jürgens glaubt an die Hölle

Die Kamera surrte, und die Beleuchter im Fernsehstudio richteten ihre Scheinwerfer auf die schöne Ballerina, die zart und weiß wie eine große Schneeflocke über die Bühne wirbelte.

Und plötzlich ging alles so schnell, daß man gar nicht begriff, was und wie es geschah: Ein entsetzlicher Knall, ein roter Schein im grellen Licht, die Dekorationen fingen Feuer, und im gleichen Augenblick stand der Hauch von Tüll und Flitter wie eine lebende Fackel lichterloh in Flammen.

Mit Verbrennungen dritten Grades wurde die Bewußtlose in die nächste Pariser Unfallklinik gebracht.

Die Ärzte fühlten keinen Puls. Das Blut floß nicht mehr durch die Adern.

In diesem gräßlich zugerichteten Körper schien auch der letzte Lebensfunke verglüht zu sein. Aber diese Spezialisten, die für Fälle mit akuter Lebensgefahr in Alarmbereitschaft stehen, taten alles, was bei klinisch Toten noch als letzte Pflicht gilt: Sauerstoffzufuhr, Kreislaufmittel und vor allem die Massage, mit der man versucht, das Herz, das zu schlagen aufgehört hat, wieder in Bewegung zu bringen.

Aber dieses Herz hatte nun schon mehr als eine Minute ausgesetzt, und doch machte man sich noch immer an den dunklen Brandwunden zu schaffen. Zuweilen liegt eben ein ganz leiser Hoffnungsschimmer dort, wo man eigentlich hätte aufgeben können.

Janine Charrat wurde wie durch ein Wunder wieder ins Leben zurückgebracht.

Was aber erlebte die Tänzerin an diesem 18. Dezember 1961 in der Zeit, in den Minuten, in denen ihr Körper völlig leblos auf der Bahre lag? Nach vielen Jahren erinnert sie sich noch an jede Einzelheit:

»Wie von einem wirbelnden Schwindelgefühl fortgetragen, glaubte ich in einen tiefen Brunnen zu stürzen. Der Fall schien kein Ende zu nehmen, und vergeblich waren alle Versuche, mich irgendwo festzuhalten. Als ich dann schließlich doch einen Boden unter meinen Füßen verspürte, konnte ich die Augen wieder öffnen, die vorher mit bleischweren Lidern verschlossen waren.

Aber was ich nun entdeckte, ließ mich vor Entsetzen laut aufschreien. Allein in einer unbekannten, fremden Welt, sah ich mich von gewaltigen, züngelnden Flammen umgeben. Sie wuchsen, und ihre glühende Röte wurde so grell, daß ich vor Angst zu vergehen drohte.

Das mußte wirklich und wahrhaftig die Hölle sein!

Der dichte Feuervorhang war das Werk des Teufels, denn wo und wie wurden sonst die lodernden Flammen genährt? Sie schienen in einem wilden Tanz aus dem Innern der Erde zu kommen und wechselten ständig ihre bizarren Formen.

Der Boden unter mir bestand aus Glut und einem lavaähnlichen, kochenden Schlamm.

Angesichts der großen Einsamkeit und der wachsenden Gefahr wurde ich plötzlich von dem starken Willen erfaßt, dieser bedrohlichen Lage ein Ende zu bereiten. Ich faßte meinen ganzen Mut zusammen und ging entschlossen auf die Flammen zu.

Dabei bemerkte ich, daß der glühende Untergrund unter meinen Füßen nur mäßig warm war. Unmittelbar vor der mich kreisförmig umschließenden Feuerwand stockte ich jedoch in Erinnerung an das Brandunglück auf der Bühne, das ich gerade erlebt hatte. In gefährlichen Situationen hatte ich als gläubiger Mensch stets gebetet, und daran hielt ich mich auch jetzt.

Nach dem Gebet erhob ich meinen Kopf und bemerkte, daß die hohen Flammen ihre Schrecken verloren hatten. Sie waren sehr viel kleiner geworden, und sie leuchteten nur noch rosa, fast durchsichtig.

Nun verlor ich alle Furcht. Ich durchschritt den Feuerkreis und verspürte sofort eine große Erleichterung. Obwohl ich wußte, daß die schweren Brandverletzungen noch nicht behoben waren, empfand ich keine Schmerzen mehr.

Während ich die ersten Schritte in die geheimnisvolle Welt hinter dem Feuervorhang tat, suchte ich plötzlich verzweifelt nach der Gegenwart eines Menschen. Wie sollte ich mich in dieser fremden Umgebung allein und ohne Hilfe zurechtfinden?

Kaum war ich mir dieses sehnlichen Wunsches bewußt geworden, als ich eine Frau in einem seidenen Gewand erblickte. Ihr weißes Haar war zusammengebunden, in den braunen Augen lag Milde, um ihre Lippen spielte ein gütiges, nachsichtiges Lächeln.

Mit langsamen Bewegungen schwebte mir diese Frau entgegen und sprach: ›Du erinnerst dich wohl nicht mehr an mich, Janine? Ich bin Isabelle, deine Großmutter. Hast du mich vergessen?‹

Jetzt erkannte ich meine verstorbene Großmutter und empfand ihre Gegenwart in meiner traurigen Lage als großes Glück.

Zärtlich nahm sie mich am Arm und gab mir, weil ich nichts von den Verhältnissen im Jenseits wußte folgende Erläuterung:

›Im Totenreich ist alles niedergeschrieben – die Vergangenheit, die Gegenwart und auch die Zukunft...

Das Schicksal jedes Menschen steht im Lebensbuch des Himmels. Du fühlst dich in diesem Augenblick vielleicht verloren. Deshalb will ich dir etwas zeigen, was dir hoffentlich den Mut zurückgibt – Mut und Vertrauen wirst du in reichlichem Maße brauchen.‹

Ohne Zögern folgte ich der vorangehenden Frau.

Wir schritten eine Weile im roten Nebel dahin und gelangten in einen großen Garten, in dem viele unbekannte, phantastisch aussehende Bäume standen und der mit wundervoller Harmonie erfüllt war. Inmitten dieses Gartens befand sich ein Teich, dessen Wasser ruhig und durchsichtig und ungewöhnlich klar war. Er glich einem lichtvollen Spiel.

Die Großmutter forderte mich auf, mich über diesen Teich zu beugen. Als ich genauer hineinschaute, bemerkte ich, wie sich in dem Wasserspiegel ein Bild formte. Ich erkannte bald zwei Krankenschwestern, die mich bei den ersten Gehversuchen durch das Zimmer stützten.

Dazu erklärte mir meine Großmutter in deutlich vernehmbaren Worten: ›Es wird noch lange dauern, aber du wirst wieder gesund werden. Blicke nur weiter in den Teich, denn du mußt jede Gelegenheit, die sich hier bietet, nützen.‹

Diese Worte hielt ich für so wichtig, daß ich meine Augen nicht von der reinen Wasserfläche abzuwenden wagte. Auf diese Weise sah ich Bilder der kommenden Jahre, die wie ein Film vor mir abliefen. Ich erlebte meine eigene Hochzeit auf einer Südseeinsel. Nach Landessitte war ich bei der Trauungszeremonie mit einer Blumenkrone geschmückt. An meiner Seite stand ein mir völlig unbekannter Bräutigam, der erheblich größer war als ich selbst. Ich hörte mich ihn Michael nennen, und mein anderes Ich, das ich wahrnahm, strahlte vor Glück.

Das alles erschien mir wenig glaubhaft, denn ich wußte genau, daß ich noch immer mit dem Filmschauspieler Gérard Munsky verheiratet war, wenn wir auch seit einiger Zeit sehr viele Meinungsverschiedenheiten hatten und uns nicht mehr gut verstanden. Zwar waren wir schon übereingekommen, uns scheiden zu lassen, doch ich konnte es nicht glauben, daß ich noch einmal eine Ehe eingehen würde.

Bei der Betrachtung dieser Bilder, die das Wasser widerspiegelte, regten sich Zweifel in mir, ob ich dort wirklich meine eigene Zukunft sah. Ich mußte meine Großmutter fragen.

Aber als ich aufblickte und mich an sie wenden wollte, war sie nicht mehr zu sehen. Meine freudige Erregung schwand; ich fühlte mich todmüde und bleischwer in den Gliedern. In diesem Erschöpfungszustand begannen auch die Wunden, die ich bei dem Unfall erlitten hatte, von neuem zu brennen, und ich stöhnte unter heftigen Schmerzen.

Das Bewußtsein muß wohl plötzlich zurückgekehrt sein, denn als ich die Augen aufschlug, lag ich in einem weißen Krankenbett.«

Für Janine Charrat begann ein langer Leidensweg. Die Ärzte können sich eines ungeahnten Erfolges rühmen, denn die Chance der Rettung war bei diesen ausgedehnten Verbrennungen nur hauchdünn. Der enorme Eiweiß- und Flüssigkeitsverlust in den verbrannten Körperteilen, die Giftwirkung der durch die Verbrennungen veränderten Gewebseiweißstoffe und die Störungen in der Wärmeregulation der Haut lösten jenen schweren Schock aus, der den Kreislauf und das Herz kurzzeitig zum Versagen brachte.

Mit eiserner Willenskraft bezwang Janine Charrat die ekelhaften und qualvollen Folgeerscheinungen der Funktionsschwäche angegriffener Organe, besonders der Leber – ganz abgesehen von den schmerzhaften Wundbehandlungen bis zu den verschiedenen Hauttransplantationen.

Nur wenige von den Besuchern der Nachtklubs und Varietés mit dem internationalen Flair kennen das Schicksal der gefeierten Tänzerin, die sich keine Engagementsorgen zu machen braucht. Niemand bemerkte Spuren ihres schweren Unfalls, als sie nach ihrer Genesung zum erstenmal wieder auf der Bühne stand. Kurz nach diesem Auftreten in Genf begegnete sie einem hochgewachsenen Mann, der nicht mehr von ihrer Seite weichen wollte. Janine Charrat und Michel Humbert heirateten im August 1969 in Haapiti, einem kleinen Dorf auf der Pazifikinsel Moorea.

Die Jahre nach dem Brandunglück in einem Pariser Fernsehstudio verliefen so, wie sie im großen Zukunftsspiegel des Jenseits aufgezeichnet waren, und Janine Charrat behauptet heute noch, daß nur dieses Erlebnis ihr die Kraft zur Geduld und zum Durchhalten während eines jahrelangen Genesungsprozesses verliehen habe.

Ähnlich wie dieser Bericht der französischen Primaballerina lauten die Schilderungen, die der deutsche Schauspieler Curd Jürgens von einem mysteriösen jenseitigen Aufenthalt gab.

Am 20. Januar 1967 beugte sich ein in ganz Amerika bekannter Arzt über einen dort ebenfalls berühmten Filmschauspieler, der vor ihm auf dem Operationstisch lag.

Curd Jürgens war nach Houston (Texas) gereist, um den Leibarzt Präsident Eisenhowers wegen eines schweren Herzleidens zu konsultieren. Prof. Michael de Bakey hatte ihm zu einer Erneuerung der Herzarterie durch eine 20 cm lange Plastikader geraten – nicht ohne auf das Risiko dieses chirurgischen Eingriffes hinzuweisen.

Obwohl die Überlebenschance 1 : 2 stand, hatte der Patient, von dem man weiß, daß er hart gegen andere, aber noch härter gegen sich selbst sein kann, sich für die mindestens vierstündige Operation entschieden.

Der Chirurg mußte durch seine Assistentin den Kreislauf unterbrechen lassen, das Herz aus dem Kreislauf herausnehmen und anstelle der kranken Arterie das Plastikrohr einsetzen. Endlich mußte das Herz, das aufgehört hatte zu schlagen, wieder in Tätigkeit gesetzt werden. Während dieser Zeit war Curd Jürgens einige Minuten lang klinisch tot.

Seine Eindrücke während dieses kurzen Aufenthaltes in der überirdischen Welt beschreibt er mit den folgenden Worten:

»Der Zustand des Wohlgefühls, den ich kurz nach der Injektion von Penthotal erlangte, war nur von kurzer Dauer. Aus dem Unterbewußtsein erhob sich sehr bald das Gefühl, daß mich das Leben verließ.

Heute möchte ich sagen, daß es der Augenblick war, in dem mein Herz aufhörte zu schlagen.

Das fliehende Leben erweckte heftige Angstgefühle, ich wollte es unbedingt festhalten, aber es war mir unmöglich. Die gewaltige Glaskuppel des Operationssaales, die ich vorher betrachtet hatte, begann sich jetzt zu verändern. Sie zeigte plötzlich eine glutrote Färbung. Hinter dem Glas sah ich grimassenhaft verzerrte Gesichter, die mich anstarrten. Gepackt von einer entsetzlichen Angst, versuchte ich mich aufzubäumen und gegen die näher kommenden bleichen Gespenster zu wehren.

Dann erschien es mir, als ob die Glaskuppel sich in einen durchsichtigen Dom verwandelt hatte und sich langsam über mich senkte. Ein feuriger Regen fiel hernieder, aber obwohl die Tropfen von gewaltiger Größe waren, berührten sie mich nicht. Sie zersprangen unter mir, und drohende Flammen züngelten aus ihnen empor. Nicht länger konnte ich mich vor der furchtbaren Wahrheit verschließen: Die Gesichter, die diese brennende Welt beherrschten, gehörten zweifellos den Verdammten.

Ich fühlte mich verzweifelt und auf eine unaussprechlich schreckliche Weise einsam und verlassen. Die Empfindungen des Entsetzens schnürten mir den Hals zu, und ich hatte den Eindruck, ersticken zu müssen.

Offensichtlich befand ich mich in der Hölle, und die glühenden Feuerzungen konnten mich jeden Augenblick erreichen. Plötzlich näherte sich mir die schwarze Silhouette einer menschlichen Gestalt.

Zunächst erschien sie nur undeutlich inmitten der Flammen und roten Rauchwolken, wurde dann aber rasch klarer. Es war eine in schwarze Schleier gehüllte Frau, schlank, mit lippenlosem Mund, und die Augen zeigten einen Ausdruck, der mir eisige Schauer über den Rücken jagte. Denn als sie dicht vor mir stand, sah ich zwei schwarze leere Löcher, aus denen das Wesen mich dennoch anstarrte.

Von einer unwiderstehlichen Anziehungskraft getrieben, folgte ich der Gestalt, die beide Arme zu mir ausstreckte. Mich berührte ein eisiger Hauch, und ich wurde in eine Welt geführt, die von schwach vernehmbaren Klagelauten erfüllt war, obwohl sich weit und breit kein Mensch zeigte.

Unvermittelt richtete ich an das Phantom die Frage: ›Wer bist du?‹ Die Stimme antwortete: ›Ich bin der Tod!‹

Instinktiv bot ich alle meine Kräfte auf und dachte: ›Ich will dir nicht länger folgen, denn ich will noch leben...‹

Hatte sie meine Gedanken erraten? Sie trat noch näher an mich heran und legte ihre Hände auf meine Brust, so daß ich erneut ihrer Anziehungskraft unterworfen wurde. Ich spürte dabei ihre eiskalten Hände auf meiner Haut, und die leeren Augenhöhlen waren unbeweglich auf mich gerichtet.

Noch einmal konzentrierte ich alle Gedanken auf das Leben, um dem Tod in Gestalt dieser Frau zu entfliehen.

Ich hatte meine Frau Simone noch am Eingang zum Operationssaal umarmt.

Plötzlich geschah das unerwartete Wunder. Das Phantom meiner Frau riß mich aus der Hölle, in der ich mich befand.

War sie aus der Welt der Lebenden zu mir geeilt, um mich vom Tode wieder in das irdische Dasein zurückzuführen?

Mit einem grausamen Lächeln hatte sich die Frau mit dem schwarzen Schleier bei der Ankunft Simones lautlos entfernt.

Gegen Simone, die von Jugend und Leben erfüllt war, vermochte der Tod nichts auszurichten. Ich spürte nur noch Frische und Zärtlichkeit, als sie mich an ihrer Hand den vorher im Banne der dunklen Gestalt beschrittenen Weg zurückführte.

Ganz allmählich ließen wir das schreckliche Schattenreich hinter uns und näherten uns dem großen Licht. Dieses Leuchten geleitete uns und wurde schließlich so hell, daß ich geblendet die Augen schließen mußte.

Und dann setzte plötzlich ein heftiger, dumpfer Schmerz ein, der mir den Brustkasten zu zerschneiden drohte. Ich umklammerte die Hand Simones mit noch festerem Griff, bis ich plötzlich das Bewußtsein wiedererlangte.

Simone saß an meinem Bett in einem weißen Schwesternkittel.

Ich besaß nur die Kraft zu einem schwachen Lächeln und konnte nur mühsam ein einziges Wort hervorbringen:

›Danke!‹

Dieses Wort war der Abschluß einer furchtbaren, aber dennoch faszinierenden Reise ins Jenseits, die ich in meinem Leben nie vergessen werde.«

Alle Geheimnisse liegen in vollkommener Offenheit vor uns. Nur wir stufen uns gegen sie ab, vom Stein bis zum Seher. Es gibt kein Geheimnis an sich, es gibt nur Uneingeweihte aller Grade.

Christian Morgenstern

8

Heimkehrer aus Vietnam

Jacky Bayne wird eines Tages sprechen
Dr. Konstantin Hossmann korrigiert die Grenze
zwischen Leben und Tod
Die Totenliteratur der Pharaonen

Ein schwüler Sommerabend senkte sich über das verwüstete Kriegsgebiet um Chu Lai.

Der in Vietnam eingesetzte Amerikaner Jacky C. Bayne von der 196. Leichten Infanteriebrigade war auf einer Routinepatrouille, als sein Spürhund auf eine Mine trat.

Die Ärzte im nächstgelegenen Feldlazarett bemühten sich fast eine Stunde lang, J. C. Bayne durch künstliche Atmung und Herzmassage wieder ins Leben zu rufen. Vergeblich – das Elektroenzephalogramm zeigte keine Herztätigkeit an. Der Soldat war seinen schweren Verletzungen erlegen.

So tragisch endete die Geschichte von vielen amerikanischen Soldaten. Aber für Bayne war es nur der Anfang zu seinem »zweiten Leben«.

Einige Stunden lang lag seine Leiche dann in einer Totenregistriereinheit, ehe ein Einbalsamierer sich um ihn bemühte. Seine Tätigkeit sollte mit einem Einschnitt beginnen, der die Oberschenkelarterie bloßlegte, damit die Einbalsamierungsflüssigkeit eingespritzt werden konnte.

Die Ader zeigte einen ganz schwachen Pulsschlag. Bayne wurde schnellstens zum Hospital zurückgebracht. Ein zweiter Wiederbelebungsversuch und eine massive Bluttransfusion brachten einen Erfolg, mit dem man nicht zu rechnen gewagt hatte. Der klinisch tote Jacky Bayne wurde zum Leben erweckt. Viel später flog man ihn zur weiteren Behandlung nach Amerika in das Walter-Reed-Hospital.

Über das, was er in der Zeit, in der er klinisch tot war, fühlte und erlebte, hat er bisher nicht gesprochen. Er hat bis heute jede genauere Aussage abgelehnt mit den Worten: »Der Herrgott hat mich aus Vietnam zurückgebracht. Was ich auf der anderen Seite sah – ist mein großes Geheimnis.«

Doch die Psychiater sind davon überzeugt, daß es ihnen im Laufe der kommenden Jahre gelingen wird, vielleicht auf hypnotischem Weg, in ihm das aufzulockern, was zur Zeit noch hinter einer »Sperre« zurückgehalten wird. Und man verspricht sich davon aufsehenerregende Aufschlüsse.

Denn schon jetzt beginnt er während der Rehabilitationsbehandlung stärker und lebhafter zu träumen, wie man durch die Augenbewegungen bei geschlossenen Lidern feststellen kann. Manchmal spricht er auch im Schlaf von langen Korridoren und strahlendem Licht. Wie aber war es möglich, daß Jacky Bayne ins Leben zurückkehrte?

Aus den wenigen Angaben, die allmählich durchsickerten, könnte man entnehmen, daß durch den langen Mangel an Sauerstoffzufuhr das Gehirn einen nicht zu behebenden Schaden erlitt, von dem vermutlich das Sprachzentrum gestört wurde. Im allgemeinen hielt man sich nämlich an die Erkenntnisse der Wiederbelebungsmedizin, wonach zehn Minuten als oberste Grenze einer Unterbrechung der Blutzufuhr anzunehmen sind. Nach dieser Zeit setzen Veränderungen und Zerstörungen der Gehirnzellen ein, die nicht durch einen Regenerationsprozeß behoben werden können.

Diese Ansicht ist inzwischen anhand von Forschungsergebnissen nicht mehr hundertprozentig vertretbar. Die Festlegung der Grenze zwischen Leben und Tod scheint sich verschoben zu haben, seitdem ein Kölner Gehirnforscher mit seinen Untersuchungsergebnissen vor die Öffentlichkeit trat.

Der Universitätsdozent Dr. Konstantin Hossmann arbeitet in einem Team unter der Leitung von Prof. Klaus Zülch im Max-Planck-Institut für Hirnforschung in Köln-Merheim. Er erkannte nach einer langen Versuchsreihe an Affen und Katzen, daß sich das Gehirn selbst eine Stunde nach dem sogenannten Absterben noch regenerieren kann. Denn nach seinen Testerfahrungen sterben in dieser Zeit die Gehirnzellen nicht wirklich ab, sondern die Blutgefäße im Gehirn verengen sich. Wenn die Durchblutung wieder einsetzt, bleiben die Adern im verengten Zustand. Zu ihrer Erweiterung pumpte Dr. Hossmann Blut mit Hochdruck durch die Adern. Die meßbaren Lebensäußerungen der Gehirnzellen kehrten zurück.

Da beispielsweise bei Unfallopfern oder Infarktpatienten Herz und Kreislauf oft wieder in Tätigkeit gesetzt werden können, gewinnt dieses Verfahren zur Wiederbelebung der Gehirnfunktionen eine hohe Bedeutung.

Im Fall Jacky Baynes nahmen es die Militärärzte peinlich genau mit ihrer Schweigepflicht und sprachen nur von einer Seltenheit im medizinischen Sinne.

Dennoch erhebt sich die Frage: Wenn diese erfahrenen Internisten nicht durch einen künstlichen Schock die verengten Zellen erweitert haben, bestand dann nicht noch die Chance, daß der Körper sich auf ähnliche Weise selbst half? Die Antwort muß offenbleiben.

Jedenfalls scheinen die alten Ägypter, deren hohe medizinische Kunst niemand in Abrede stellt, die zweite Möglichkeit nicht berücksichtigt zu haben.

Für ihre Versuche, einen Menschen zum »zweiten Leben« zu erwecken – die sich allerdings von den heutigen Wiederbelebungsmethoden unterscheiden – gibt es noch stumme Zeugen, über die Jahrtausende hinweggegangen sind. In Aniba, südlich von Assuan, liefert eine Mumie seit 4000 Jahren den Beweis dafür, daß das Denken und Trachten der Priester und Mediziner zum Ziel hatte, dem Menschen zu seiner Rückkehr ins Leben zu verhelfen.

Man weiß, wie leidenschaftlich die alten Ägypter die Freuden genossen und am Leben hingen. Wenn sie sich vielfältige Gedanken über den Tod machten, so geschah es nur, um ihn zu überlisten, um sich seiner Macht zu entziehen. Gelang das nicht, mußten zum mindesten alle magischen Mittel angewandt werden, um den Aufenthalt im Jenseits an das irdische Dasein anzugleichen.

So ist es auch zu verstehen, daß die umfassende Totenliteratur, die zunächst nur für die Pharaonen, ihre Vertrauten und für die Priester bestimmt war, später in den Besitz des Volkes gelangte und ihm die magischen Sprüche in der Form, wie wir sie heute im ägyptischen Totenbuch nachlesen können, zugänglich wurden.

Die Pyramiden über den Gräbern der Pharaonen und die Mumifizierung der Verstorbenen bedeuteten keineswegs etwas Endgültiges. Im altgeschichtlichen Museum in Kairo liegen Dokumente mit über 200 Hieroglyphenzeilen sowie annähernd 50 Papyrosrollen, die Aufschluß über die Wiederbelebungsmethoden geben. Fragmente beweisen, daß sich Ärzte und Priester wegen ihrer unterschiedlichen Auffassungen stritten.

Die ältesten diesbezüglichen Berichte behandeln die Versuche des Mediziners Olei En-ches um 2500 v. Chr.

Um den Körper, der in einem Gestell aufrecht stand, wurden Kräuter und wundersame Pflanzen geschichtet und auf der Haut zerrieben, so daß ihre Säfte in das Gewebe eindringen konnten.

Neun Tage lang dauerten solche Wiederbelebungsexperimente, ehe man nach erfolglosen Bemühungen die Einbalsamierung vornahm.

Etwa ein Jahrhundert später – während der 18. Dynastie – schlug zwar der Versuch einer Reform der altägyptischen Religion fehl, aber das primitive Zeremoniell zur Wiedererweckung machte einer anderen Form für die »Rückkehr der Seele in einen neuen Körper« Platz.

Beim Herannahen des Todes konnten hohe Würdenträger durch eine Entscheidung eine Prozedur zulassen, die darin bestand, den Adern und den Organen das Blut zu entziehen. Nach Öffnung der Halsschlagader spürte der Sterbende natürlich nicht mehr, wie ihm mit Hilfe einer »Sauganlage« durch viele Kanülen das Blut aus dem Körper gesogen wurde. Aber der Todeskandidat starb in dem Glauben, daß neues Leben erzeugt werden könnte, wenn unmittelbar nach dieser Tortur »blutbildender Pflanzensaft« in die Adern gepumpt würde.

Nach langen Streitgesprächen der Priester mit dem königlichen Leibarzt Sandruval erreichten erstere den Schuldspruch über den Mediziner wegen Anstiftung zum Totenfrevel und dessen Ausübung. Er wurde lebendig eingemauert, nicht ohne daß man ihn mit einem Krug seines »Lebenssaftes« und der Saugapparatur versehen hatte.

Aber erst Ramses III. (um 1250 v. Chr.) erließ ein striktes Verbot aller Wiederbelebungsversuche an Verstorbenen und Mumien, so daß sich diese frevelhafte Form einer »Blutwäsche« in der ägyptischen Medizin nicht weiterentwickeln konnte.

Auch den Besprechungsversuchen der Priester während der ärztlichen Experimente wurde ein Ende gesetzt. Trotzdem war das Thema »Wiederbelebung« unter den Gelehrten bis zum Verfall des altägyptischen Reiches noch nicht abgetan.

Aber durch das Mißlingen einer sichtbaren Rückkehr ins Leben büßte das Interesse der alten Ägypter an den Geheimnissen des Todes keinesfalls an Leidenschaftlichkeit ein.

Es wurde bereits erwähnt, daß einst nur die Pharaonen und hohen Würdenträger das Vorrecht hatten, anhand einer umfangreichen Totenliteratur ihren Weg im Jenseits selbst zu gestalten.

Nach einer sozialen oder religiösen Revolution – wie immer man sie auch nach alten Überlieferungen bezeichnen mag, sie erinnert an die kommunistische Auffassung – erlangte jeder das Recht auf Kenntnis der religiösen Mysterien. Ein König, dem man sonst das Totenbuch als Wanderführer für die verschiedenen Stationen der Unterweltreisen mitgab, wurde damit jedem anderen Sterblichen gleichgesetzt.

Durch Offenbarungen und Visionen belehrt, hatten die Priester ein tiefes Wissen über das Jenseits gesammelt. Es diente zum Ratgeber für die Seele, und die magischen Sprüche, die man auf den Grabkammern der Vornehmen gefunden hat, konnten nach diesem Umsturz von jedem Lebenden studiert werden, damit er die Möglichkeit hatte, sich im irdischen Dasein schon auf das Leben nach dem Tode vorzubereiten.

Das »Ägyptische Totenbuch« gibt Aufschluß über den Glauben an die stufenweise Weiterentwicklung des Geistes bis zur Vollendung. Dieses höchste Stadium ist die Begegnung mit dem Schöpfer.

Mit dem Wanderstab in der Hand begab sich die Seele des Verstorbenen auf den weiten Weg zu den Gefilden des Osiris in der Nähe der Milchstraße, die sie als Großen Weißen Nil des Himmels bezeichneten. Eigentlich waren es zwei Wesen, die ihren Wohnsitz an den Gewässern des himmlischen Flusses dicht beim göttlichen Auge suchten: das Ka und das Ba. Das Ka scheint von einer Art zarter körperlicher Substanz zu sein, während das Ba reiner Geist oder Seele ist. Als Symbol für die zu freiem und ungehindertem Flug befähigte Seele wurde das Ba als ein Vogel mit Menschenkopf dargestellt. Auf Bildern findet man es häufig über dem Eingang zum Grabe kauernd oder auch im Flug den Schacht hinunter auf dem Wege zu dem einbalsamierten Leichnam.

Viele Sprüche sind am Tage der Bestattung zu sprechen, zu dem Zeitpunkt, an dem die Seele vom Leib getrennt in das Jenseits einzieht. Sie wenden sich zunächst an die göttlichen Geister, die die geläuterten Seelen in die geheiligten Wohnstätten des Osiris geleiten.

Ein sorgfältiges Studium der magischen Sprüche zeigt, daß es viele Störungen und Aufenthalte auf der Wanderung durch die Unterwelt zu den lichten Höhen gibt.

Khou, das heißt die Seele, wurde von schrecklichen Ungeheuern und bewaffneten Geistern verfolgt. Damit sie die Gefahren und Prüfungen bestehen konnte, wurde dem Toten bei der Beerdigung von den Angehörigen eine Anzahl von Amuletten mitgegeben. Zum Begräbniszeremoniell gehörten Weihrauch und Gebete über einer Blumenkrone auf dem Haupt des Verstorbenen. Ein Bildnis des Skarabäus, des heiligen Käfers der Ägypter, wurde in Form einer Gemme auf den Hals oder den Mumien als Steinbild auf die Brust gelegt. Dieser Talisman sollte die Geister mit den Krokodilköpfen, die Schlangendämonen und die wilden Tiere zurückweisen.

Die Formeln und Beschwörungen sind in der Ich-Form geschrieben. So heißt es im Totenbuch:

»Weiche vondannen, krokodilfratziger Dämon Sui!
Wahrlich, du hast keine Macht über mich!
Denn, geheiligter Geist, ich lebe und wandle
durch die magische Kraft der Worte in mir.«

Oder

»Zurück, Rerek! (Name eines Dämons)
Zurück, du, schlangenköpfiger Dämon!
Die Götter Geb und Shu dir versperren den Weg.
Rühren sollst du dich nicht! Verbleib, wo du bist!
Denn wohlweislich: mit übelriechenden Ratten
ernährst du dich, welche Ra sind verhaßt;
und du beknabberst die Knochen
einer verfaulenden Katze.«

Mit Gebeten und Litaneien verweilt der Tote in allen Bereichen des Jenseits und macht alle möglichen Metamorphosen durch. Er tritt als göttliche Person auf, die von den Göttern keine Gnade erfleht, sondern sie zur Hilfe auffordert, ebenso wie man den Gefahren befiehlt, sich fernzuhalten.

»Ich bin der große Machthaber, der Herr des Schwertes.
Erhebe dich nicht wider mich, ich bin Set!
Rühre mich nicht an! Ich bin Horus!«

Am Ziel ihrer Reise, in der heiligen Halle, wo die höchste Gottheit inmitten einer Art von Gerichtshof mit 42 Geschworenen (Göttern) thront, spricht die Seele:
»Ich komme hierher, um die Götter, die großen, zu schauen.
Und um, das himmlische Brot kostend, Besitz zu ergreifen vom ewigen Leben. Bis zu den letzten Grenzen des Himmels vorgedrungen bin ich, wo Osiris, die göttliche Seele regiert.«
In manchen Aufzeichnungen der ägyptischen Priester findet man eine deutliche Ähnlichkeit mit den Begräbnisritualien der katholischen Kirche.

»Vom edlen Geisterchor umgeben,
Wird sich der Neue kaum gewahr,
Er ahnet kaum das frische Leben,
So gleicht er schon der heiligen Schar.
Sieh, wie er jedem Erdenbande,
Der alten Hülle sich entrafft
Und aus ätherischem Gewande
Hervortritt erste Jugendkraft!
Vergönne mir, ihn zu belehren:
Noch blendet ihn der neue Tag!«

J. W. Goethe, »Faust« 2. Teil, 5. Akt

9

Verschlossene Lippen

Der »Vierjahresschlaf«
»Meine Begriffe reichen nicht aus!«
Projektion aus der vierten Dimension

Wie mit sieben Siegeln verschlossen sind die Lippen derer, die zuviel wissen. Niemand wagt, diese Siegel zu zerbrechen, um den, der schweigen möchte, zum Sprechen zu zwingen.

Auch Victor Cleave schwieg drei Jahre lang. Victor Cleave war früher in Folkestone Eisenbahnbeamter. Er hatte vor vielen Jahren eine schwere Kopfverletzung davongetragen und auch eine tiefe Narbe oben am Scheitelbein. Aber seit langem hatte er nicht einmal mehr Kopfschmerzen gehabt. Doch dann auf einmal stellte sich bei ihm eine zunehmende Müdigkeit ein. An einem Mittwochabend schlief er beim Abendessen ein, wurde von seiner Frau ins Bett gebracht und – erwachte erst vier Jahre später. Er atmete erst ganz ruhig, dann immer schwächer und zum Schluß so schwach, daß die Ärzte jeden Augenblick damit rechneten, das Herz werde stillstehen. Jedenfalls waren diese Atemzüge nicht mehr ausreichend, um dem Körper genug Sauerstoff zuzuführen.

»Wir können ihn natürlich künstlich ernähren. Wir können ihn massieren. Wir können also verhindern, daß seine Muskeln verkümmern, so daß er ungefähr sein altes Gewicht behält. Aber wir müßten dafür sorgen, daß die Körpertemperatur immer bei 37 Grad gehalten wird. Sonst stirbt er. Das Gewebe verträgt es nicht, dauernd unterkühlt zu sein.«

Das waren die Anweisungen, die die Ärzte für die Pflege Victor Cleaves gaben. Im übrigen hatten sie kaum eine ernsthafte Hoffnung, ihn seinem

Tod entreißen zu können. Man hatte nach außen hin den Eindruck, es handle sich um einen Menschen, der an schwerer Schlafkrankheit leidet. Aber alle entsprechenden Mittel, die bei ihm zur Anwendung gebracht wurden, wirkten nicht.

Er lag da und schlief. Seine Frau gewöhnte sich an diesen Zustand, verbrachte die Tage und auch die Nächte neben ihrem Mann, von dem die Ärzte ihr gesagt hatten, daß sie jeden Tag mit seinem Ableben rechnen müsse. Aber sie glaubte nicht mehr an dieses Sterben, als die ersten zwei Jahre verflossen waren und er noch immer schlief und im Schlaf recht gut aussah, wenn nur die richtige Körpertemperatur gewahrt wurde.

Nach genau vier Jahren beobachtete die Frau, daß die Augenlider ihres Mannes zu zucken begannen. Als er eines Tages die Augen öffnete, besann er sich auf gar nichts mehr. Er hatte sogar ihren Vornamen vergessen. Als sie die beiden Kinder an das Bett führte, fragte er, wer diese seien. Er hatte vergessen, daß sie zwei Kinder hatten.

Nach und nach führte man ihn auf den Weg in das Leben zurück – mit allem, was dazugehört, mit Lesen und Schreiben und deutlichem Sprechen. Als es soweit war, kam ein bekannter Geistlicher, der sich mit psychologischen Studien beschäftigte, zu ihm und verlangte von ihm, daß er über das spreche, was er vorher – während jener vier Jahre – erlebte. Victor Cleave wich in seinen Antworten aus. Der Geistliche war hartnäckig. Er stützte sich auf seine Rolle als Seelsorger und auf seine Vergangenheit als Forscher auf psychologischem Gebiet.

Eines Tages entschloß sich Cleave zu sprechen. Was er erzählte, war eine der interessantesten Darstellungen, die man je aus dem Munde eines Menschen erhielt, der mit seinem Bewußtsein für Jahre von dem Leben auf dieser Erde vollkommen getrennt gewesen war.

»Es war anfangs sehr schwer für mich, wieder in diese Welt zurückzufinden. Ich habe zu niemandem über das gesprochen, was ich erlebte und sah. Und wenn Sie nicht darauf bestanden hätten und sich als eine Art Stellvertreter eines höheren Wesens auf der Erde bezeichneten, würde ich auch Ihnen nichts sagen. Aber vielleicht muß es doch einer wissen! Es kann unter Umständen für Sie und für andere Menschen sehr wichtig sein. Sprechen Sie nicht darüber – unter Erwähnung meines Namens; denn wenn es nach mir ginge...

Nun, wenn es ganz und gar nach mir ginge, dann würde ich sofort wieder die Augen schließen und einschlafen. Mich hält – ganz offen gestanden – nichts auf dieser Seite.

Ich weiß nicht, ob ich wirklich drüben war oder ob ich nur träumte.

Ich war jedenfalls in einem Land, das Blumen und Bäume trägt, die ich auf Erden nie gesehen habe und von denen ich auch aus anderen Ländern dieses Planeten nie hörte.

Es war ein Land, in dem Lebewesen, die über unheimliche Fähigkeiten verfügten, Paläste und Häuser mit großen und schweren Säulen errichtet hatten, Paläste und Hochhäuser – aber in Formen, wie der Mensch sie wohl nie erdacht hat. Ich habe anfangs versucht, diese Formen auf Papier zu bringen. Aber es gelingt mir nicht. Wenn ich zeichne und in den Begriffen Länge und Breite und Höhe überlege, dann verschwimmt alles, und es wird ein lächerliches irdisches Gebäude daraus – aber nicht das, was ich sah.

Ich lebte also in dieser Welt der hohen Häuser und der Säulen. Um mich her waren viele Wesen wie ich. Ich glaube, wir haben Formen gehabt, die den irdischen Formen sehr ähnlich sehen. Aber es geht mir damit, wie mit dem Versuch, die Umrisse jener Häuser auf Papier zu bannen. Ich bringe es nicht zustande. Ich weiß, wenn ich die Augen schließe, ungefähr noch, wie ich war und die anderen um mich her. Aber wenn ich es dann beschreiben soll, wenn ich die Augen öffne, um es mit Strichen und Linien und Kreisen zu verwirklichen, dann geht es auf einmal nicht mehr weiter. Meine Begriffe reichen nicht mehr aus.

Aber war ich denn wirklich ein Mensch, so wie ich es heute bin? Ich erinnere mich, daß ich mit Wesen zusammen war, die durch die Dinge hindurchschritten. Das schien mir anfangs selbst merkwürdig und unglaublich. Und es war doch so. Je mehr ich darüber nachdenke, um so intensiver wird meine Vorstellung, daß ich selbst auch durch diese Säulen und durch diese Häuser hindurchgehen konnte – wenn ich wollte.

Ich weiß, daß es Unsinn ist, was ich jetzt sage. Es kann auch sein, daß ich alles nur geträumt habe. Aber hat ein Mensch jemals so etwas geträumt? Nun, ich habe vier Jahre lang Zeit gehabt, wenn ich dem Kalender glaube.

Ja, jetzt fällt es mir ein, einen Zeitbegriff hatte ich nicht in jener anderen Welt, in diesem Dasein zwischen Säulen und Häusern unter den Wesen, die so stark waren, daß sie alles verrücken und bewegen konnten. Die Zeit schien nicht zu existieren.

Ohne daß jemand zu mir gesprochen hätte – man sprach überhaupt nicht in jener Welt, sondern man dachte nur, was man sagen wollte, und der andere wußte es, also ohne daß mir jemand etwas gesagt hatte, ahnte ich, daß ich auf Wartezeit in der anderen Welt sei.

Jeder, der neu eintraf, kannte oder fühlte seine Wartezeit. Ich glaube es jedenfalls, denn ich wußte sie ganz genau. Vielleicht hing mein Hindurchschreiten durch die Häuser und die Säulen mit dieser Wartefrist zusammen, denn es gab andere, die die Materie, die es dort auf der anderen Seite gab, beherrschten, formen konnten...

Dann kam auf einmal ein Ereignis, das am unklarsten ist aus meinem ganzen Erleben während der vier Jahre: Ich versank plötzlich im Boden, so als ob sich eine Falltür aufgetan hätte. Ich hörte ein dumpfes Heulen, das immer heller und klangvoller wurde, und in dem Maße, wie dieses

Heulen und Summen an mein Ohr drang, erwachte in mir auch eine schattenhafte Vorstellung davon, daß sich nun hinter mir eine Tür geschlossen hatte, die eben noch für mich offenstand. Aber ich fragte nicht einmal, weshalb.

Von dort bis zum Wiedererwachen war eigentlich die schrecklichste Zeit. Es war mir so, als ob ich in meinen Körper, in diese Hülle, nicht mehr hineingepaßt hätte. Ich bekam Urlaub – zurück auf die Erde.

Natürlich Urlaub!

Ich bin nicht für immer hier – nicht für lange. Ich weiß auch nicht, weshalb ich überhaupt noch einmal hierhin zurück mußte, um alles von neuem zu lernen, was ich doch schon vergessen hatte. Ich kam mit einem Hirn zurück auf die Erde, das unbeschrieben war, weil ich doch schon in der anderen Welt gelebt hatte.

War es wirklich die andere Welt? Oder war es eine Vorstufe, eine Wartezeit, eine Periode der Läuterung – wie ich heute mitunter annehme? Ich weiß es nicht genau, und keiner kann es wissen. Aber am furchtbarsten ist für mich die Enttäuschung, wenn ich immer wieder Anstrengungen mache, jene Gebäude, die ich drüben sah, auf Papier zu bringen. Und was wird daraus? Ein lächerliches, irdisches, plattes Gebilde – während drüben alles zu leben und zu atmen schien – in einem Rhythmus, den ich erst zu ahnen begann, als ich zurück mußte – auf Urlaub – zur Erde...«

Diese seelischen Anstrengungen eines Menschen, Gebilde auf ein Papier zu bannen, die er in einem Traum oder aber in einem Erlebnis auf der anderen Seite sah, erinnern an die verzweifelten Versuche von Mathematikern, sich von den Begriffen der drei Dimensionen, in denen wir leben, freizumachen und mit Vorstellungen und Begriffen der vierten Dimension zu arbeiten.

Über Länge, Breite und Tiefe hinaus versagt meist unser Vorstellungsvermögen. Wir können einen Körper fassen, der jenen drei Voraussetzungen entspricht. Wir können eine Fläche ahnen, die nur aus zwei Komponenten besteht. Aber was dann kommt?

Die Physiker und die Mathematiker haben seit langem behauptet, daß die Existenz unseres ganzen Planetensystems vielleicht nichts anderes ist als die Projektion eines Weltgeistes aus der vierten Dimension in die dritte hinein. Das würde bedeuten, daß der gedankliche Einbruch aus dieser vierten Dimension ausreicht, um die Dinge Gestalt annehmen zu lassen. Das würde – in Erläuterung dessen, was dieser Mann in vier Jahren erlebte – manches erklären, was er in bezug auf die Gestaltung der Gebäude, auf die Form der Säulen, auf das Verhalten der Menschen in jener Welt schilderte. Denn – wer aus der vierten Dimension in unsere Welt hineingreift, für den gibt es kein Hindernis. Die Panzerwände der tiefsten Gewölbe sind für ihn nicht mehr existent. Er greift in sie so hinein – wie diese Wesen, die jener Mann gesehen zu haben glaubt, durch die Dinge hindurchliefen.

Eines Tages werden wir noch mehr von dem wissen, was zwischen der dritten und vierten Dimension geschieht. Und damit pochen wir an die Pforte, die uns wenigstens bis zu einem gewissen Grad – vielleicht nur für die Übergangszeit, die Wartezeit, von der jener Victor Cleave sprach – vom Jenseits trennt. Nun wird aber der Gehirnspezialist in diesem speziellen Fall einzuwenden wissen, daß Victor Cleave eine Kopfverletzung erlitt, eine Verletzung, die nicht nur auf dem Schädel, sondern auch im Gehirn selbst eine größere Narbe zurückließ. Von Narben im Gehirn aber weiß man, daß von ihnen immer ein erheblicher Druck, starke Reizungen ausgehen können. Der Spezialist wird also zu prüfen versuchen, ob vielleicht durch jene frühere Gehirnverletzung ein Druck auf das Schlafzentrum einerseits und gewisse Zonen der Hirnrinde andererseits ausgeübt wurde. Denn der Forscher, der sich mit dem Gehirn und der Möglichkeit der Eingriffe in dieses befassen muß, stellt sich auf einen ähnlichen Standpunkt, wie ihn schon Hippokrates, der große griechische Arzt, einnahm, als er vor Jahrtausenden sagte, daß jede Geisteskrankheit aus dem Kopf oder aus dem Organismus des Menschen zu erklären sei.

Der Gehirnspezialist wird also in den Erlebnissen dieses Victor Cleave in erster Linie einmal einen Dauertraum zu sehen versuchen, wobei er nur noch ein Rätsel zu lösen hat: wie nämlich die fixen Ideen, die Victor Cleave entwickelte, in das Unterbewußtsein Cleaves gelangten. Denn selbst wenn man eine Gehirnstörung als Erreger, als Beginn dieses Dauertraumes über vier Jahre gewissermaßen annimmt, so sind doch die Voraussetzungen für die weitere Gestaltung des Traums ungefähr die gleichen wie bei einem normalen Traumerlebnis.

Irgendwann und irgendwo müßte Victor Cleave die Dinge, die er im Traume sah und dann schilderte, schon einmal gehört oder gelesen oder sich wenigstens gewünscht haben.

Victor Cleave bestreitet das. Er behauptet, daß er sein ganzes Leben hindurch ein sehr nüchterner Mensch war, der »überhaupt nicht träumt«.

Außerdem schaltet sich nun der Parapsychologe ein und versichert, daß man mit der rein biologischen Überlegung, daß nur Gehirnzellen und ihre Funktionen maßgebend seien und nur die Erinnerungen in Rindenschichten Träume auslösen können, einfach nicht ausreiche, um all diese Dinge zu erleben und nachher wissenschaftlich zu erklären, die Dinge, von denen Cleave langsam erzählte, als er sich endlich entschloß, das Schweigen zu brechen.

In der ganzen Welt, in Deutschland und Holland, in Frankreich und Südamerika, in Australien und in Indien, hat man ähnliche Menschen beobachten können, die einen Totenschlaf hielten und doch nicht starben und dann weiterlebten und meist nicht sprachen oder, wenn sie sprachen,

Schilderungen vermittelten, die allerdings ganz anders lauten als das, was Cleave äußerte.

Das Bemerkenswerte und gleichzeitig Beunruhigende ist nun aber, daß all diese Schilderungen voneinander differieren. Es ist dem Sucher nicht möglich, eine einheitliche Linie in diese große Fülle von kurzen oder längeren Berichten zu bringen, in jene Geständnisse, die man den Menschen, die auf Urlaub zurück zur Erde kamen, mühsam Wort für Wort abringen muß.

Aber wir werden bei der Suche nach weiterem Material von Personen, die sich mit den Darstellungen von Mystikern befaßten, darauf aufmerksam gemacht, daß die Visionen zahlreicher Menschen, die von sich selbst sagten, sie hätten sich durch Konzentration, durch altes oder modernes Yogitum von dieser Welt gelöst, mit einzelnen dieser Darstellungen übereinstimmen. Es ergeben sich Parallelen, wo man sie gar nicht vermutet.

Nun aber stellt sich sofort der skeptische Beobachter ein und weist darauf hin, daß Menschen, die sich schon in jene Sphären bewußt hineinwagen, wahrscheinlich alles gelesen haben dürften, was von anderen auf diesem Gebiet berichtet wurde. Ein Gehirn nimmt aber treu wie ein Löschblatt, sicher wie ein Spiegel, alles das rasch auf, was wichtige Zentren des aktiven Interesses berührt. Es gehört nicht viel dazu, allzu treu jene Darstellungen anderer in die Erinnerung zu übernehmen und dann, wenn eines Tages die Voraussetzungen zu einem eigenen Erleben gegeben sind, auf den Erinnerungsschatz zurückzugreifen. Und schon ist die Parallele da, von der man dann verwundert berichtet, daß einheitliche Schilderungen über das Jenseits vorlägen. Wir sehen: der skeptische Prüfer ist nicht aus der Fassung zu bringen. Er will nicht nachgeben und etwas eingestehen, wenn er nicht unbedingt gezwungen ist, dieses Eingeständnis zu machen.

Vielleicht ist es besser so – im Interesse der Forschung und der neutralen Prüfung. Diese Hinweise werden manchem nützlich sein, um beim Sammeln ähnlicher Berichte einen scharf trennenden Maßstab anzulegen, bei welchem nicht nur die Spreu vom Weizen, sondern auch die Illusion eines beeindruckten Gehirns von einem eignen tiefen Erlebnis getrennt werden muß.

Außer den Physikern, die in Welten schauen wollen, die zwischen der dritten und der vierten Dimension liegen, außer den Zweiflern, die mit übersteigerter Objektivität auch die geringsten Möglichkeiten einer Verneinung zu finden suchen, gibt es noch jene anderen – die Spezialisten nämlich, die in der Lage sind, wirklich Hand anzulegen an die Seelen und mit einem Griff Punkte in uns zu berühren, an denen sich Sein und Nichtsein scheiden. Wir sprechen von den Herz- und Hirnchirurgen, denen es noch am leichtesten möglich sein wird, die sieben Siegel zu brechen, die schweigsame Lippen verschließen.

Obwohl jeder Mensch dem Tode unterworfen ist, will doch jeder Mensch dem Tode entgehen. Ja, der Tod ist für den Menschen, was das Wasser für das Feuer, sein Urfeind. Woher stammt diese gewaltige Sehnsucht, dieser ungeheure Drang, dieser unausrottbare Durst nach Todlosigkeit? Es ist das Gefühl, daß der Tod uns durchaus unangemessen ist, und damit das Gefühl, daß uns auch ein todloser Zustand möglich sein müsse. Dieses Gefühl ist genauso mächtig, und damit überwältigend, wie der aus ihm geborene Drang, dem Tode zu entgehen, also wie die Todesangst; sonach ist der Inhalt jenes die Todesangst aus sich gebärenden Urgefühls: der Zustand der Sterblichkeit ist dir unangemessen; angemessen wäre dir bloß der Zustand der Un-Sterblichkeit, der Zustand, wo du nicht mehr sterben kannst. Oder, kurz: der Tod ist dir wesenswidrig.

Georg Grimm (1868–1945)

10

Tod auf Abruf

»Ich muß auf meinen Sohn warten!«
Vierundzwanzig Stunden Aufschub
Das Verfahren des Dr. Hyman

»Ich darf jetzt noch nicht sterben!
Sollte sich heute oder morgen ein Herzversagen einstellen, dann müssen Sie mich unbedingt wieder zum Leben zurückbringen. Mein Sohn ist unterwegs hierher. Ich muß ihm wichtige Mitteilungen machen. Ich hätte es früher tun sollen. Aber ich glaubte, ich hätte noch Zeit. Die Existenz des ganzen Werkes, das ich aufbaute, die Beschäftigung von Tausenden von Arbeitern, meine ganzen Zukunftspläne, alles hängt davon ab. Er ist im Flugzeug unterwegs. Aber er kann – sagte man mir – nicht vor übermorgen hier sein. Und ich weiß nicht, ob ich noch leben werde. Ich fühle mich seit heute morgen so schwach, so elend. Deswegen habe ich Sie rufen lassen.
Sie, Dr. Hyman, sind der einzige Mensch auf der Erde, von dem ich weiß, daß er imstande ist, künstlich das Leben eines Menschen zu verlängern – wenigstens für Stunden – vielleicht für Tage. Mehr verlange ich nicht von Ihnen.«
Der 78jährige amerikanische Millionär Philipp L. lehnte sich erschöpft in die Kissen zurück und lauschte gespannt auf das, was Dr. Hyman ihm antworten würde.

»Seien Sie ganz ruhig. Sie haben mich rufen lassen. Ich stehe zu Ihrer Verfügung. Ich werde alles tun, was in meinen Kräften steht. Sie werden Ihren Sohn sehen...«

Über die Züge des Millionärs ging ein Lächeln der Beruhigung. Dann räumte Dr. Hyman dem Arzt, der den Kranken bis dahin behandelt hatte, wieder das Feld. Aber er blieb im Vorzimmer. Sie hatten alles genau miteinander abgesprochen.

»Sie lassen die Dinge ruhig bis zum Ende laufen. In dem Augenblick, in welchem nach Ihrer Ansicht der Tod eingetreten ist, geben Sie mir Nachricht. Und ich versuche, mich dann einzuschalten.«

Der Arzt schaute ein wenig skeptisch auf Albert Hyman, der seine Geräte im Vorzimmer aus seinen Koffern auspackte, damit alles bereitstehe – für den entscheidenden Augenblick. Und dieser Fall konnte jede Sekunde eintreten.

»Kommen Sie, Doktor, er hat wieder eine Herzattacke.«

»Es wird bald die letzte sein...«, murmelte der Arzt, ehe er in das Krankenzimmer trat. Als er am Bett stand, war der Kranke schon bewußtlos. Wenige Sekunden später prüfte der Arzt den Puls, den Herzschlag, die Augen, verharrte noch einen Augenblick beobachtend neben dem Kranken, der nun schon über die Agonie in das Reich des Todes eingegangen war und wandte sich dann an die Umstehenden mit der Feststellung:

»Offiziell ist der Kranke soeben gestorben!«

Er packte seinen kleinen Koffer zusammen, stellte einen Schein aus und ging, während Dr. Hyman, unterstützt von einem Assistenten, sich an seine interessante Aufgabe heranmachte. Er wollte einen Menschen, der offiziell für tot erklärt war, in das Leben zurückrufen – auf kurze Zeit –, aber doch so, daß dieser Mensch wieder für Stunden zu einem regelrechten Dasein mit allen Denkfunktionen und aller Entschlußkraft erwachte. Die Apparatur, die Dr. Hyman mitgebracht hatte, war schnell auf einem herangerückten Tisch hergerichtet. Vier lange Nadeln senkte Dr. Hyman nach einigen raschen, prüfenden Griffen in den Körper hinein, dort, wo das Herz saß. Und dann schickte er schwache elektrische Ströme in das Herz. Er wußte, daß er auf diese Weise ein Zusammenziehen des Muskels erreichen konnte. Er lauschte gespannt. Nach einer halben Minute vernahm er einen schwachen Herzschlag. Bald darauf wurde der Ton stärker. Immerhin dauerte es sechs Stunden, ehe der Millionär die Augen wieder öffnete. Rund fünfzehn Minuten nach seinem Erwachen aus dem schon eingetretenen Tod versuchte er, wenn auch mit ganz schwacher Stimme, so doch vernünftig und ruhig ein paar Worte zu sprechen.

»Noch keine neue Nachricht von meinem Sohn?

Ich danke Ihnen, Dr. Hyman. Sie müssen diesen Apparat so lange in Gang halten, bis er da ist...«

Der Patient lag in seinen Kissen und lauschte auf seinen eigenen künstlichen Herzschlag. Vielleicht dachte er auch an das, was er inzwischen gesehen und erlebt hatte.

Nach drei Stunden winkte er Hyman zu sich heran: »Ich will Ihnen sagen, was ich inzwischen erlebte. Es wird Sie gewiß interessieren. Schicken Sie die anderen Leute hinaus!

Ich befand mich auf einem großen weißen Platz, der von einer Sonne beschienen war, die ich nicht erblicken konnte. Ich war erst ganz allein. Dann sah ich in der Ferne andere Menschen – jedenfalls etwas, was sich bewegte. Ich rief und winkte. Ich hatte das Empfinden, daß man auch zurückwinke. Aber die anderen dort drüben konnten nicht zu mir herankommen. Ich hatte, als ich hinüberwinkte, auf einmal das Gefühl, als ob ich doppelt da sei. Ich blickte an mir herunter und sah meine Hände ganz ruhig und meinte doch, daß ich mit meinen Armen winkte.

Als ich zu jenen anderen hin wollte, wurde der Weg immer länger. Da gab ich es auf, denn ich wußte plötzlich, daß ich den Weg doch nicht bewältigen konnte und noch viel, viel Zeit vor mir hatte.

Die Sonne, die den weißen Platz beschien, wurde etwas rötlich dumpf. Aber diese Farbe tat meinen Augen irgendwie wohl. Auch als ich ausschritt, sah ich, daß meine Beine genauso wie meine Arme ganz ruhig hingen, die Bewegungen aber von einem andern Ich ausgeführt wurden. Ich machte mir Gedanken, um dieses Phänomen zu erklären.

Ich sah auch – und das ist eigentlich die einzige Gestalt, die ich ganz genau erkannte – eine Frau, von der ich jetzt weiß, daß es meine vor zwanzig Jahren verstorbene Frau war. Sie befand sich unter denen, die mir winkten. Ich freute mich, sie gleich wiederzusehen. Aber dann wußte ich ja wieder, daß es nicht möglich war, weil ich noch sehr viel Zeit für den Weg brauchte.

Ich schritt aus und ging dann plötzlich rückwärts, während diese merkwürdigen Beine, von denen ich Ihnen schon sagte, daß sie für mich oder für mein zweites Ich die Gehbewegungen ausführten, immer vorwärts schritten. Ich glaube, Doktor – in diesem Augenblick haben Sie mich zurückgerufen.

Fragen Sie doch einmal nach, ob von meinem Sohn immer noch keine Nachricht vorliegt...«

Dr. Hyman wußte, daß der Sohn des Millionärs in frühestens sechzehn Stunden da sein konnte. Es war technisch nicht anders möglich. Immer wieder warf er einen besorgten Blick auf die fleißig arbeitende Apparatur auf dem kleinen Tisch, durch welche in ganz regelmäßigen Abständen elektrische Stromstöße in das schon tote Herz hineingejagt wurden.

Genau vierundzwanzig Stunden dreißig Minuten und zehn Sekunden blieb der Apparat in Betrieb. Zur erwarteten Zeit traf der Sohn des Millionärs ein. Dr. Hyman hatte seine Geräte noch einmal geprüft. Es konnte keine Panne eintreten. Er ließ den Sterbenden und seinen Besucher allein, damit der Vater seinem so sehnlich zurückerwarteten Sohn die Mitteilungen machen konnte, deren Wichtigkeit ihm so ungeheuer schien, daß er darüber selbst nicht an sein Ableben denken konnte.

»Sie können wieder hereinkommen, Dr. Hyman, der Vater verlangt nach Ihnen!« flüsterte der Sohn dem Arzt nach wenigen Minuten zu.

»Sie sind ein wundervoller Mensch, Dr. Hyman, ich habe mit meinem Sohn alles besprochen. Nun ist alles in Ordnung. Ich möchte einen Augenblick schlafen. Aber das Pochen dieses Apparates stört mich, denn ich habe immer das Empfinden, als ob diese Stromstöße bis in den Kopf hineingingen. Stellen Sie den Apparat für eine halbe Stunde ab...«

Dr. Hyman schaute noch einmal prüfend auf den Millionär, erwog blitzschnell alles Für und Wider und schaltete dann die Stromzufuhr aus, damit der Müde schlafen konnte. Er wußte natürlich, daß diese Unterbrechung der Stromzufuhr für diesen Mann das Ende bedeutete. Aber es war schon ein verwegenes Unterfangen gewesen, dem Tod dieses Schnippchen zu schlagen und ihm sein Opfer wieder abzunehmen. Immer konnte dieses Gerät der künstlichen Impulse nicht das Leben festhalten. Dann sollte der Mann, der schon einmal »drüben« war, dorthin zurückkehren, wenn die große Müdigkeit über ihn gekommen war. Und das schien ja jetzt so zu sein.

Eine Sekunde später hörte der Herzschlag auf. Der Kranke fiel in sich zusammen und war – diesmal endgültig tot.

Dr. Albert Hyman hat über dieses Erlebnis und seine sonstigen Experimente häufig auf den großen amerikanischen medizinischen Kongressen gesprochen. Er arbeitete seit vielen Jahren an einer Methode, durch elektrische Reizströme, die direkt in das Herz und zum Herzkranz gelenkt wurden, einen künstlichen Herzschlag herbeizuführen, von dem er versicherte, daß so eine normale Blutzirkulation im toten, bestimmt aber im sterbenden Herzen erzeugt werden könnte.

»Ich habe fünfhundert Tierversuche gemacht, die sämtlich gut verlaufen sind. Meine ursprünglichen Experimente gingen dahin, eine Nadel genau zwischen die beiden Herzkammern zu bringen und dann in den Herzmuskel in bestimmten rhythmischen Abständen elektrische Ströme hineinzujagen, die in ihrer Folge genau dem normalen Herzschlag gleichen. Wenn ein Herz durch Überanstrengung, durch Schreck oder durch elektrischen Strom zum Stillstand gekommen ist, dann kann ich es wieder zum Schlagen bringen. Alle derartigen Belebungsversuche scheitern jedoch, wenn das Herz schon zu starr und zu hart wurde, also mit anderen Worten der Eingriff zu spät erfolgte.

Ich bin mir darüber im klaren, daß ich auf diese Weise den Tod nicht aus der Welt schaffe und einen Sterbenden nicht über eine längere Periode hinweg auf der Erde zu halten vermag. Aber manchmal kommt es auf Minuten an, auf Minuten oder Stunden, in denen Dinge erledigt werden müssen, die für die Umwelt, die für jene Menschen, mit denen der Sterbende vorher zusammen war, von größter Wichtigkeit sein können.«

Das Verfahren des Dr. Hyman wurde ungefähr zur gleichen Zeit entwickkelt, als Prof. Smirnow in der Moskauer Universität daranging, Personen, die an einem Herzschlag gestorben waren, vorübergehend wieder zum Leben zu erwecken. In mehreren Fällen, vor allem bei Todesfällen durch Schock, war eine derartige Wiederbelebung sogar von Dauer.

Einer der interessantesten Fälle dieser Art ereignete sich in New York im Brooklyn-Viertel. Die Frau des Kaufmanns Redino war plötzlich bewußtlos geworden und wurde in einem nahe gelegenen Hospital für tot erklärt. Alle charakteristischen Zeichen des Todes, soweit sie wenige Minuten nach dem Ableben auftreten, waren beobachtet worden. Die beiden Ärzte, die diese Feststellung gemacht hatten, waren im Begriff, das Zimmer zu verlassen, als eine Krankenschwester plötzlich ausrief: »Aber sie hat geseufzt! Ich habe es deutlich gehört!«

»Unmöglich! Es kann immer noch etwas Luft in der Lunge sein. Auch die Muskeln und die Stimmbänder können sich unter dem Einfluß der auftretenden Totenstarre, die ja in den Kiefern anfängt, dehnen!«

»Nein, sie hat geseufzt – so wie ein Mensch, der leidet, seufzt. Ich habe es gehört!«

»Rasch den Hyman-Apparat!«

Bevor das Herz zu hart geworden war, pulsten die Stromstöße durch das empfindliche Organ.

Nach wenigen Minuten schaltete man künstliche Atmung hinzu. Sauerstoff wurde in die Lungen gepumpt.

Nach dreistündigem Bemühen war Amalie Redino wieder wach geworden. Sie fühlte sich sehr schwach. Man mußte sie Tag und Nacht umsorgen. Aber sie lebte.

»Es war wunderbar. Ich habe über mir einen Himmel gesehen, der war so blau, wie ich ihn nie auf Erden erblickte. Ich sah Menschen, denen ich seit langem nicht mehr begegnet war. Ich hatte ein Gefühl unbeschreiblichen Wohlbehagens. Ich schwebte nämlich in der unendlichen Bläue über mir. Und je höher ich kam, um so mehr wechselten die Farben der Wolken in Violett über. Ich hörte eine wundervolle Musik, die ganz aus der Ferne klang und dann immer näher an mich herankam, eine Musik, auf deren Wellen ich zu schweben schien. Ich fühlte mich so leicht, so glücklich. Aber dann dachte ich auf einmal an meine beiden kleinen Töchter. Ich hatte Angst, daß diese Kinder nicht so gepflegt würden, wie ich es getan hätte, wenn mir noch Zeit geblieben wäre, alles anzuordnen. Ich sorgte mich um diese Kinder und wollte wieder zu ihnen zurück. Jemand sagte zu mir, daß es sehr schmerzvoll sei, zurückzugehen – viel schmerzlicher, als von dort drüben zu verschwinden. Denn – dieses Hinübergehen in das glückselige Blau mit den violetten Wolken war gar nicht schmerzvoll. Es war so leicht und so einfach.

Und der Rückweg sollte schmerzvoll sein?

Der Gedanke an die beiden Kinder störte meine ganze innere Ruhe und mein Gefühl des Glücks. Da wußte ich, daß ich noch einmal zurück mußte.

Da bin ich denn – durch meinen Willen – wieder schwer geworden und mit den Wolken herniedergesunken – immer tiefer, immer tiefer –, bis ich dann auf einmal wieder hier war.

Ruft meine Schwester. Ich muß ihr alles sagen wegen meiner beiden Kinder. Laßt sie schnell kommen, denn ich glaube, ich kann nicht sehr lange hierbleiben. Ich bin nur für Stunden da . . .«

Aber – diese Italienerin lebte noch drei Wochen. Erst in der dritten Woche nach der Wiedererweckung aus dem Tod durch Herzversagen starb sie endgültig. Das war das interessanteste Experiment mit dem Hyman-Gerät.

Es mag manchen verwundern, daß allein durch derartige Herzströme und durch eine elektrische Beeinflussung bestimmter Nervenknoten im Bereich des Herzens der Mechanismus des Todes mindestens für Stunden überlistet werden kann. Aber es ist tatsächlich so, daß der Tod praktisch immer vom Herzen ausgeht, daß das Stillstehen des Herzens das erste Anzeichen des somatischen Todes ist.

Solange das Herz schlägt, so lange lebt der Mensch, was auch sonst an Störungen des Organismus aufgetreten sein mag. Der Stillstand des Herzens ist die einleitende Erscheinung, gewissermaßen der Anfang, wenn natürlich auch der Herzstillstand das Ergebnis, die Rückwirkung anderer Vorgänge sein kann.

Aber wenn der Tod auch vom Herzen ausgeht, so muß der Stillstand eine Veranlassung haben. Und die Grundursache befindet sich im Gehirnsystem. Die Lähmung der Bewegungszentren des verlängerten Marks oder eine Reizung des Stillstandszentrums – hervorgerufen durch eine Verletzung des Gehirns oder durch einen reflektorischen Reiz – genügen, die Tätigkeitszentren des Herzens so zu beeinflussen, daß der Tod folgt.

Wir sahen, wie durch geschickte Kunstgriffe der Herzchirurgen der Tod auf Stunden aufgehalten werden kann. Schon ist man dabei, mit ähnlichen, noch raffinierter erdachten Geräten den Lähmungen im Bewegungszentrum des verlängerten Marks entgegenzuarbeiten. Aber – Einstiche in das Gehirn sind auch im Zeitalter der Lobotomie, der Gehirnoperation, gefährliche Wagnisse, die man erst nach und nach zu der Meisterschaft entwickeln kann, die man braucht, um den Tod auch vom Gehirn aus zu bezwingen.

In vielen Fällen tritt der Tod ein, weil seelische Erschütterungen auf den geschilderten Wegen schließlich das Herz zum Stillstand bringen. Diese Erschütterungen sind oft tatsächlich sehr geringfügig, werden aber von kranken Hirnen, von Menschen, die unter Sinnestäuschungen leiden, so übertrieben, so ausgeweitet und ausgedehnt, daß sich die tödliche Konsequenz ergibt.

Krasse Beispiele gibt es auch dafür, daß gewisse Situationen im Leben zu Krankheit und Tod führen können. Streß, Furcht vor dem Alter, familiäre oder berufliche Sorgen lösen mitunter seelische Konflikte aus, mit denen der Mensch nicht fertig zu werden glaubt. Er flieht in die Krankheit, an deren Ende gewissermaßen der »Wunschtod« steht. Dieser psychogene Tod unterscheidet sich wesentlich von selbstmörderischen Gedanken, Absichten und deren Ausführung.

Tödliche Herzattacken, Infarkte, Asthmaanfälle treten in vielen Fällen plötzlich trotz medikamentöser Behandlung auf. Nach erfolgreichen Operationen stellt sich manchmal der Tod zu einem Zeitpunkt ein, an dem aus ärztlicher Sicht für den Patienten keine Lebensgefahr mehr besteht... Man kann sich die Ursache nur mit starken Affekten erklären.

Der psychogene Tod, hervorgerufen durch Verzweiflung, Selbstvorwürfe, Angstgefühle und Schuldkomplexe ist keine Seltenheit.

Schon jetzt sind auf dem Gebiet der Gehirnchirurgie eine Anzahl von Operationsmethoden geplant, die natürlich erst an Tieren vorversucht werden, deren Endziel aber sein soll, in gewissen Fällen den Tod in letzter Minute zu überlisten, ihm seine Beute für eine längere oder kürzere Frist zu entreißen.

In Einzelfällen gelang bereits eine derartige Rettung. Bei einem Patienten, der an krankhafter zentraler Übererregbarkeit litt, stellte sich die übliche seelische Schwierigkeit ein, die Mißerfolge unter den zermürbenden Perspektiven der Verzweiflung und des Pessimismus zu sehen. Während der Gesunde die Zukunft im Licht der Vergangenheit betrachtet, gilt für den psychisch Kranken der Aspekt, den er sich selbst mit reicher Phantasie ausmalt.

Gelingt es in einem derartigen Fall, gewisse Gehirnverbindungen zu durchtrennen, dann verschiebt sich sofort das Bild. Der verzweifelte Mensch, der mit seinem überstarken Gefühlsleben in einer Welt des Irrealen zu verzagen und zu sterben schien, wird auf einmal wieder gesund und – der Welt zurückgeschenkt.

»Man sagte mir später, ich hätte einen Gehirnschlag erlitten. Ich weiß nur, daß ich plötzlich fühlte, wie ein heller Lichtschein durch mich hindurchging. Dieser Lichtschein war für mich mit einem stechenden Schmerz verbunden. Aber als dieser Schmerz in der Herzgrube verklang, war alles schön und friedlich.

Ich schwebte in einer Welt, die ich mir in meinen so schrecklichen Träumen verflossener Wochen gar nicht mehr auszumalen hoffte: Eine Welt des Lichtes und der beruhigenden Wonnen, die von innen nach außen mein ganzes Sein erfüllten. Die Gespenster, die schwarzen Gestalten, die anfangs nach mir zu greifen drohten, hatten keine Gewalt mehr über mich. Ich wußte, daß sie noch irgendwo in der Ferne warteten. Aber ich wußte auch, daß sie mich nicht mehr erreichen konnten – nie mehr!«

Das ist die Schilderung eines Menschen, der in eine tiefe Bewußtlosigkeit gesunken war, den man überraschend durch einen letzten sehr gewagten Eingriff in das Gehirn zu retten versuchte, indem man gleichzeitig das Herz belebte. Ein Eingriff, der meisterhaft ausgeführt wurde und gelang. Man hatte dem Tod einen Streich gespielt. Die Ursache war beseitigt. Der Mensch, dessen Herz beinahe schon vor Angst und Schrecken – die aus eingebildeten Ursachen erwuchsen – stehengeblieben war, konnte in das Dasein zurückkehren, nachdem Kunstgriffe moderner Gehirnchirurgie in letzter Minute zu vollem Erfolg geführt hatten.

>Glücklich werden die sein,
die den Worten der Toten Gehör schenken!«

Leonardo da Vinci

11

Unruhige Seelen

Sühne für gewaltsamen Tod
Aussagen aus dem Jenseits
Das Geheimnis des Mädchenmörders

»Du mußt mich rächen! Ich kann nicht los von der Erde. Ich warte auf Erlösung. Ich wurde zu früh aus dieser Welt gerissen – viel zu früh. Mir ergeht es nun so wie allen, die durch Gewalt zu früh starben.
Wir können nicht zur Ruhe kommen. Wir gehen um und sind euch ganz nahe. Wir sind euch nahe, weil wir uns noch mit euch verbunden fühlen und euch auffordern, mit uns zu sprechen oder uns zu helfen. Ihr könnt uns helfen – denjenigen, die zu früh starben und in Wahrheit noch nicht frei sind und lange umherirren müssen. Wer will und es für gut hält und noch etwas von euch zu fordern hat, der darf mit euch sprechen – wie ich es mit dir tue.
Du mußt mich rächen! Denn der Mensch, der mich tötete, geht noch frei herum. Und solange er frei ist und nach anderen Opfern Ausschau hält, solange man ihn nicht in die Zelle der Einsamen oder in den Tod schickt, muß ich Nacht für Nacht kommen und dich ermahnen, mich zu rächen!«
Das war die Darstellung, die ein alter Mann in der Gegend von Toulon der Polizei unterbreitete.
Man schaute ihn prüfend an und hielt ihn erst für einen ausgemachten Narren. Doch wenn er nicht gerade von den nächtlichen Erscheinungen sprach, die er zu haben glaubte, dann war er der vernünftigste und sachlichste Mensch der Welt.
»Meine Tochter verlangt Sühne für ihren gewaltsamen Tod. Sie kennen den Fall der kleinen Juliette Macon. Wissen Sie noch? Vor einem Jahr wurde meine Tochter ermordet. Sie starb unter entsetzlichen Umständen – vergewaltigt, geschändet und erwürgt. Wir haben sie beerdigt. Aber damit ist es nicht vorbei. Meine Tochter kommt Nacht für Nacht zu mir und fleht mich an, sie zu rächen.
Kann ich auf die Suche gehen – nach dem Mörder? Ist es nicht eure Sache? Werdet ihr nicht mit unseren Steuern dafür bezahlt, daß ihr Mörder jagt? Befreit mich von diesen Träumen, in denen meine Tochter zu mir spricht

und mir von der anderen Welt erzählt, in der sie ist und in der sie keine Ruhe finden kann.

Oder könnt ihr es ertragen, Nacht für Nacht eure eigne Tochter im Traum zu sehen, die bleich vor euch steht, euch weiße Hände, in denen kein Blut mehr ist, entgegenstreckt, euch mit hohlen Augen anblickt und mit flehender Stimme schluchzt: ›Du mußt mich rächen!‹

Deshalb bin ich wieder da. Ihr habt mich bisher immer wieder fortgeschickt und die Schultern gezuckt. Aber jetzt ertrage ich es nicht mehr. Und wenn ihr weiter so handelt und den Mörder laufenlaßt, dann möchte ich lieber zu meiner Tochter gehen. Dann will ich unter denen sein, die zu früh starben und deshalb keine Ruhe finden können.«

Sie haben den Alten wieder fortgeschickt mit einigen tröstenden Worten. Sie haben auch mit dem Gerichtsarzt und dem Polizeispezialisten für Geistesgestörte gesprochen.

»Der Mann ist der Typ des Psychopathen und des Querulanten. Er hat sich, seit seine Tochter starb, mit Spiritismus und Geisterbeschwörung befaßt. Das alles mag seinen Kopf verwirrt haben. Und das, was er über die Seelen der zu früh Verstorbenen berichtet, die keine Ruhe finden konnten, deckt sich genau mit dem, was vor einiger Zeit eine spiritistische Gemeinde bekanntgab, um die Unzahl unerklärlicher Phänomene in den verschiedensten Gegenden Frankreichs zu erklären!«

Damit war die Angelegenheit für die Polizei erledigt.

Ein gequälter Vater aber glaubt fest daran, daß die ihm in seinen Träumen erscheinende Gestalt doch wirklich seine Tochter ist, die von sich behauptet, erst dann erlöst zu werden, wenn sie gerächt sei.

Wir erwähnten diesen Fall, weil es beim Studium der seltsamen Berichte aus dem Jenseits von Wichtigkeit ist, auch solche Aussagen kennenzulernen, die echt oder angeblich über dritte Personen aus dem Jenseits gemacht werden.

Auch der Metapsychische Zirkel von Amiens hatte einen ganz ähnlichen Fall zu prüfen, bei welchem ein Medium Jean Lenoble immer wieder eine Frau sah, die an einer bestimmten Stelle in Frankreich erschossen worden war. Diese Frau hatte mongolische Gesichtszüge. Lenoble wußte nicht, weshalb diese Frau ausgerechnet ihm in seinen Träumen ihre erschütternde Geschichte erzählte.

»Ich werde dir in einigen Tagen meinen Namen sagen.

Es ist ein Männername, denn ich sehe nur aus wie eine Frau, weil man mich als Frau erschossen hat. Ich habe mongolisches Blut. Ich war mit einem bestimmten Ziel nach Frankreich gekommen und sollte etwas ermitteln. Ich geriet in einen Hinterhalt, und man mißverstand das, was ich wollte, und das, was ich sollte. Und ehe ich mich rechtfertigen konnte, hatte man in den bewegten Tagen des Novembers 1943 über mich das Urteil gefällt und mich erschossen. Ich liege unter einem großen Baum begraben. Ich kann dir die Stelle genau angeben. Höre gut zu!

Du mußt mich an dieser Stelle dort ausgraben. Du mußt feststellen, was sich wirklich um meinen Tod tat. Denn jener, der mich ermordet hat, muß für diese Tat büßen. Denn von allen Taten dieser Welt gibt es nur eine, die keine Gnade findet und keine Gnade kennt und die den Menschen, der diese Sünde beging, nie mehr freiläßt. Und diese Tat ist – der Mord, die gewaltsame Beendigung des Lebens eines Menschen.

Ich komme zu dir, weil du imstande bist, mich zu hören. Es ist nich leicht für uns, aus dieser Welt, aus der ich zu dir spreche, ein Organ zu finden, das alle Welt versteht, das für mich Dolmetscher sein kann.

Folge meinen Angaben. Du wirst alles bestätigt finden. Ich leide sehr, solange auf der Welt nicht geklärt ist, was meinetwegen geschah. Denn ich weiß, daß, weil ich starb, ein zweiter Mord begangen wurde. Es ist eine Kette daraus geworden. Du mußt helfen, diese Kette zu unterbrechen.«

So geht dieser Bericht weiter, den das Medium Jean Lenoble dem Metapsychischen Zirkel von Amiens einreichte.

Man hat die Angaben Lenobles nachgeprüft. Man fand wirklich an der Stelle, die er nannte, ein Skelett. Auch das Datum der heimlichen Erschießung konnte durch Umfragen ermittelt werden. Ein vollgültiger Beweis, daß aus dem Jenseits ein Toter zu Lenoble sprach?

Die vorsichtigen Spezialisten für metapsychische Forschung weisen darauf hin, daß Lenoble den Tatbestand der Erschießung und den Ort der Verscharrung jener Leiche sowie die Umstände zufällig erfahren haben konnte. Ob er nun sein Wissen ausnutzte, um daraus einen interessanten Fall zu konstruieren, oder ob er Dinge, die zu seiner Kenntnis gelangt waren, in der Trance wieder von sich gab – sind Fragen, die unter anderen Umständen geklärt werden müssen.

Die Gleichartigkeit der Darstellung in bezug auf die Existenz der Wesen, die zu früh sterben mußten und nun nicht zur Ruhe kommen, wird mit den gleichen Worten fast als Beweis zurückgewiesen, mit denen jener Arzt in Toulon in bezug auf jenen alten Mann versicherte, daß eine solche Idee in den Kreisen, die sich für Spiritismus interessieren, nur einmal geboren und in Umlauf gebracht zu werden braucht, um dann Gemeingut aller zu werden, die an diese Dinge glauben.

»Ich habe Margaret in der letzten Nacht gesehen. Sie ist zu mir gekommen und hat mir alles erzählt. Sie hatte an ihrem Hals eine große breite Wunde. Sie sagte mir:

›Wenn ich noch lebte, könnte ich mit dieser Wunde nicht sprechen. Denn – siehst du – der Hals ist ganz durchtrennt. Da ich hier bin, verlangt man von mir, daß ich mit jemandem auf der anderen Seite spreche, damit erst die Tat an mir gesühnt werde. Ernest Foutch war es! Ich kann dir alles genau erzählen, wie es gewesen ist.

Du weißt, ich feierte mit meinen Freundinnen meinen 14. Geburtstag. Dann war ich am späten Abend mit einer von ihnen ein Stück des Weges gegangen, um sie nach Hause zu bringen. Das muß Ernest Foutch beobachtet haben. Er hatte mich schon vorher oft mit so merkwürdigen Augen angeschaut. Als ich auf dem Rückweg war – allein in der Dunkelheit –, stand Ernest Foutch auf einmal vor mir und ergriff mich. Er riß an meinen Haaren, bis ich stürzte und zu Boden fiel. Er versuchte, mich zu küssen, und dann biß er in meine Kehle. Aber sein Hände rissen noch immer an meinen Haaren.

Er bog meinen Kopf ganz weit zurück, indem er an den Haaren noch stärker zog, und dann stieß er ein Messer, das er mit der linken Hand führte, in meinen Hals. In diesem Augenblick sah ich nur noch rotes Licht um mich her. Das rote Licht zitterte und verdämmerte dann. Ich fühlte keine Schmerzen mehr. Sehr viel später, als ihr meine Leiche schon gefunden hattet, war ich dann auf einmal unter Wesen, die – genau wie ich – durch Gewalt aus dem Leben geschieden waren. Wir saßen eng beisammen. Uns war kalt. Wir hatten Angst, daß man uns vergessen könnte, denn vergessen zu werden ist das Schlimmste für jene, die auf der anderen Seite sind und noch nicht den Weg wählen können, den die anderen gehen, die ruhig und still sterben.

Jedesmal aber, wenn ein freundlicher Gedanke zu uns herüberwandert, wenn sich jemand auf der Erde im guten Sinn an uns erinnert, dann strömt die Wärme dieser liebevollen Gedanken zu uns und läßt uns weniger frösteln.

Wie gut, daß die Zeit bei uns nicht zählt. Es wäre sonst für jeden wohl eine Ewigkeit. Denn wer wird schon vor der Zeit erlöst? Wir müssen auf den warten, der uns ermordete, um mit ihm zusammen dann zum Gericht zu gehen, vor dem er nur dann auf Gnade plädieren kann, wenn wir für ihn ein gutes Wort einlegen. Und sonst ist er verloren und verdammt – in alle Ewigkeit.‹

Sehen Sie, das ist die Schilderung, die mir die kleine Margaret gab. Margaret war mein Patenkind. Ich habe sie sehr geliebt. Als ich hörte, daß Margaret gestorben sei, wußte ich, daß ein Mann sie ermordet hatte. Ich brauchte die kleine geschändete Leiche gar nicht erst zu sehen.«

Der Sheriff von Covington in Kentucky hörte geduldig die lange Geschichte dieser Frau an, die voll und ganz überzeugt war, daß das Traumgesicht, das sie in der letzten Nacht hatte, in allen Einzelheiten dem wirklichen Tatbestand entsprechen müsse.

Es ist sonst nicht Sache der Polizei, Träumen nachzugehen und jemanden des Mordes anzuklagen, weil ein Medium oder eine Frau, die sich mit mystischen Dingen befaßte, ein Gesicht zu haben glaubte.

Aber man konnte sich doch einmal diesen Ernest Foutch ansehen. Die Tat war grauenvoll genug. Grauenvoll und ohne jede Spur!

Man hatte die kleine Margaret in einem Feld nur wenige Zentimeter unter der Erde tot aufgefunden. Das Merkwürdige war, daß das Kind nicht nur diese furchtbare Halswunde aufwies, sondern außerdem eine Kugel im Kopf hatte, die hinter dem Ohr eingeschossen worden war.

Ernest Foutch... man griff in die Kartei und suchte nach einem derartigen Namen. Er hatte schon früher einmal eine böse Geschichte mit einem jungen Mädchen gehabt, aber er hatte sich mit sieben Jahren Gefängnis, mildernden Umständen und einer geschickt geschauspielerten geistigen Erkrankung herausziehen können. Er lebte am anderen Ende von Covington, entgegengesetzt von der Stelle, wo man die kleine Margaret fand.

Als man ihm einen kleinen Besuch abstatten wollte, lag er schwer betrunken in seinem Zimmer. Aber er war hellwach und verteufelt scharfsinnig in seiner Verteidigung, während man ihn verhörte. Erst als der Sheriff ihm die Darstellung vorlas, die Margaret im Traum der Tante gegeben hatte, wurde Ernest Foutch bleich.

»Wer ist dabeigewesen? Wer hat mich belauscht?«

»Ernest Foutch, mehr brauchte ich von dir nicht zu wissen. Es hat nur jemand schwer geträumt, aber dieser Traum war offenbar bis in die letzte Einzelheit richtig. Oder willst du dich nachträglich aufs Leugnen verlegen?«

Ernest Foutch zuckte die Schultern. Die kleine Margaret hatte mit ihrer Botschaft aus einer anderen Welt das Geheimnis ihres eigenen Mordes geklärt.

Geheimnisse des Jenseits und dieser Welt durch den Mund Dritter verkündet: das ist der Sinn der Episoden, die wir hier behandelten. Derartige Mitteilungen, die sich eines Mittlers bedienen, sind allzu häufig bekanntgegeben worden. In vielen spiritistischen Sitzungen, in Traumberichten von Medien, durch sogenannte Schreibmedien, wurden Aufschlüsse angeblich über Verhältnisse in einer anderen Welt gegeben. Aber – die Parapsychologie bewahrt sich die Nüchternheit, die sie braucht, um allen Anfeindungen von seiten der Skeptiker und jener, die durch Selbstbetrug und Lüge hindurchschauen, begegnen zu können.

Während die Ärzte und Psychologen, die am Krankenbett eines Menschen saßen, der starb und wieder in das Leben zurückkehrte, unmittelbar aus dem Munde dieses Wiedererweckten Kunde erhielten, schob sich das Moment des Zweifels sofort ein, wenn Medien auf einmal den Schritt über das große Hindernis zwischen Diesseits und Jenseits hinweg tun zu können behaupteten.

Der Vater, von dem die Tochter Rache forderte, war ein einfacher, etwas primitiver Mann, der den Gedanken nicht verwinden konnte, seine Tochter unter Umständen verloren zu haben, die die Polizei nicht klärte. Er hatte Tag und Nacht gegrübelt. Er hatte sich ungefähr zurechtgelegt, wie die Tat geschehen sein konnte. Seine Phantasie, die immer um sein Kind kreiste, schuf jenes entsetzliche Traumbild, in welchem er das Mädchen drohend aufstehen sah, um durch ihn gerächt zu werden.

Eine mysteriöse Tat, die im Krieg geschah, drängt sich im Unterbewußtsein eines durch die Beschäftigung mit okkulten Dingen empfindlich gewordenen Menschen so an die Oberfläche, daß alles, was er sagt, Hand und Fuß zu haben scheint.

Eine Patin, die seit frühester Jugend in Covington lebt, wußte natürlich um die Vergangenheit eines Ernest Foutch. Als sie noch jung war, war Ernest Foutch schon einmal mit einer Sexualaffäre belastet gewesen. Sie hatte diese Angelegenheit vergessen. Das heißt nach außen hin vergessen. Aber das Unterbewußtsein hatte die Geschehnisse von einst sorgsam registriert. Und dieses Unterbewußtsein ging nun hin und konstruierte ein fertiges Gebäude: eine Anklage aus dem Munde einer Toten, ein Hinweis auf einen Mann, der der Täter ist, eine Schilderung der Umstände, viel eingehender als die Polizei über den Fall berichtete. Genaugenommen konnte aber eine Frau mit etwas Phantasie, durch den Tod des Patenkindes bis ins Tiefste getroffen, dieses Bild unbewußt als Traumgesicht zusammenstellen und erleben.

Wir erwähnen diese Auslegungen der Vernunft, weil bei einer wissenschaftlichen Erörterung über das, was aus dem Jenseits ins Diesseits überbracht wird, auch die letzte Möglichkeit ausgeschöpft werden soll, die eine natürliche Erklärung gestattet.

Wirkten tatsächlich okkulte Faktoren mit, waren die Andeutungen effektiv aus dem Jenseits ins Diesseits hineinprojiziert? Um so besser für die Parapsychologie, um so interessanter für die Forschung. Wir aber wollen neutral geblieben sein, indem wir die beiden und in manchen Fällen die drei Möglichkeiten zitierten, die als nüchterne Erklärung in Frage kommen konnten.

Wenn einer fünfundsiebzig Jahre alt ist, kann es nicht fehlen, daß er mitunter an den Tod denke. Mich läßt dieser Gedanke in völliger Ruhe, denn ich habe die feste Überzeugung, daß unser Geist ein Wesen ist ganz unzerstörbarer Natur, es ist ein Fortwirkendes von Ewigkeit zu Ewigkeit. Es ist der Sonne ähnlich, die bloß unseren irdischen Augen unterzugehen scheint, die aber eigentlich nie untergeht, sondern unaufhörlich fortleuchtet.

Johann Wolfgang v. Goethe (Gespräche mit Eckermann)

12

»...und dann war ich wieder auf der Erde!«

Blind, taub, stumm und gelähmt
Begegnung mit den Toten
Das tragische Ereignis am Sterilisator

Es war ein herrlicher Tag gewesen. Über der zerklüfteten Küste und über ganz Schottland wölbte sich ein azurblauer Himmel. Vor zwei Tagen war Michael Clifton zu seinem Bruder Harry auf die Islay-Insel gekommen, um dort ein verlängertes Wochenende zu verbringen.
In den letzten Stunden hatten sie viel über den Vater gesprochen, über diesen seltsamen Millionär und Abenteurer, der unter dem Namen John Talbot de Vere Clifton durch die ganze Welt reiste und immer nach irgendwelchen Geheimnissen, nach ungelösten Rätseln suchte unter einem alten Familienleitspruch, der auch im Wappen derer von Clifton stand: »Tod oder Triumph«.
Am späten Nachmittag fühlte Michael Clifton, der vor vier Tagen seinen 40. Geburtstag gefeiert hatte, auf einmal, wie sich in seiner Brust etwas zusammenkrampfte, so daß er keine Luft mehr bekam. Sekunden später brach er zusammen. Man hatte einen guten und tüchtigen Landarzt auf der Insel. Sie holten ihn vom Fischen an der Küste an das Krankenbett Michaels. Er konnte jedoch nichts anderes tun, als ihm eine Spritze zu geben, die Michael die Schmerzen erträglich machen sollte. Aber es wurde immer schlimmer. Harry telefonierte mit Glasgow. Er erreichte den Chefarzt der Western Infirmary.
»Es hat keinen Zweck, daß ich nur herüberkomme, Mister Clifton! Wenn wir drüben etwas feststellen, was an Ort und Stelle nicht behandelt werden kann, haben wir unter Umständen wichtige Zeit verloren. Ich kann hier in Glasgow eine Maschine chartern. Der Pilot kennt den Weg zur Insel. Wir verlieren keine Zeit und holen ihn.«

Eine Stunde später landete ein für solche Zwecke vorgesehenes Sanitäts-flugzeug, das die schottischen Inseln von Glasgow aus versorgt, auf der Islay-Insel. Der Chefarzt kam mit herüber. Er untersuchte den Kranken. Die Wirkung der ersten Injektion war schon verklungen. Zur Linderung der Qualen gab man eine zweite Spritze.

Genau nach einer Stunde und fünfzig Minuten lag Michael Clifton auf dem Operationstisch. Es mußte sehr schnell gehen. Man wollte auf das Herz Rücksicht nehmen. Wahrscheinlich hätte eine Vollnarkose Kompli-kationen mit sich gebracht...

Draußen in einem Vorraum vor dem Operationssaal wartete eine kleine alte Frau, die 74jährige Mutter Michael Cliftons. In Sorge um ihren Jun-gen, in dem Gefühl, in diesen schweren Stunden bei ihm sein zu müssen, war sie mitgekommen.

Plötzlich öffnete sich die Tür. Es trat jemand heraus, der sie schnell hinter sich schloß. Er schien ein wenig verstört. Mrs. Clifton fragte, wie es um den Patienten stünde. »Er ist soeben gestorben – auf dem Operationstisch gestorben!«

Dann lief er eilig hinaus.

Ja – Michael Clifton war tot. Sein Herz stand still. Sein Puls ging nicht mehr. Nach den Gesetzen der Biologie war Michael Clifton kein lebender Mensch mehr.

Der Chefarzt, der die Operation leitete, prüfte noch einmal den Hergang. Wo konnte, bei allen Heiligen Schottlands, die Ursache dieses plötzlichen Exitus zu suchen sein? Ihm kam ein Gedanke:

Drei Injektionen zur Schmerzlinderung und zur Vorbereitung auf die Operation hatte Michael Clifton bekommen. Diese drei Injektionen wa-ren kollidiert, gewissermaßen zusammengestoßen, und hatten einen ka-tastrophalen Effekt hervorgerufen. Nun war dieser Mensch, den man durch den sofortigen Eingriff von seinen Schmerzen befreien und von der Gefahr der inneren Verblutung durch ein aufgebrochenes Magenge-schwür retten wollte, tot.

So leicht sollte der Tod seine Beute nicht behalten!

»Schafft Eis heran! Macht die Eiswanne fertig! Alle Vorbereitungen tref-fen für eine Brustöffnung. Die andere Operation geht weiter. Keine Zeit verlieren!«

Er wußte genau, daß es in diesem Wettlauf mit dem Tod um Sekunden ging. Aber seine Helfer, jeder einzelner seiner Assistenten – das ganze Team arbeitete wie ein Roboter, rasch und sicher in jeder Handreichung, in jeder Bewegung und ohne jegliche Hektik. Es mußte verhindert wer-den, daß der ›Tote‹ zuviel Blut verlor in diesen Sekunden und Minuten, über denen für den Chefarzt noch ein blasser Hoffnungsschimmer zur Rettung lag. Hundertzwanzig Sekunden war Michael Clifton tot – zwei Minuten regelrecht tot. Dann hatte die geschickte Hand des Chirurgen das Herz gefaßt, das plötzlich stehengeblieben war. Er massierte es, um durch diese Bewegungen der Finger das Leben wieder zurückzuholen. Zwölf Minuten ohne Unterbrechung massierte er dieses Herz. Seine Finger schmerzten, und seine Hand begann lahm zu werden. Da auf einmal spürte er die Reaktion des Herzmuskels. Er hatte sich geregt. Er arbeitete von selbst. Nun galt es, die Eigenarbeit dieses Muskels noch einige Minuten ganz leicht zu stützen.

Ein triumphierender Zug lag um den Mund des Chefarztes. Er hatte es geschafft. Michael Clifton war nicht tot. Er war nicht gestorben, wie man es vorhin gesagt hatte. Der andere Eingriff, die Magenoperation, war inzwischen auch zu Ende geführt worden.

Drei Stunden saß der Arzt noch am Krankenbett. Dann öffnete Michael Clifton die Augen. Er hatte die Lider gehoben und – sah nichts.

Er schrie. Aber niemand hörte seine Stimme.

Er war aus dem Jenseits zurückgekehrt, aber er war blind, taub und gelähmt. Nur sein Gehirn war wach. Er konnte durch die Bewegung seiner Lippen zu verstehen geben, daß er lebte, daß er wach war.

Blind, taub, stumm und gelähmt! Was für ein elendes Dasein!

Violet Clifton, seine alte Mutter, saß weinend an seinem Bett und versuchte durch den Druck ihrer Finger mit ihm zu sprechen. Fühlte er, daß sie da war? War er für die Welt doch tot als hilfloser Krüppel, der das Licht des Tages nicht mehr sah, der das Singen der Vögel nicht mehr hörte, der mit den Menschen nicht mehr sprechen konnte, der nicht mehr in der Lage war, sich von seinem Lager zu erheben.

An diese Zeit erinnert er sich:

»Ich lag in einer ewigen Nacht und wußte nur in meinem Hirn, daß ich noch lebte. Da schrie ich in das Hirn hinein: ›Ich will nicht sterben – ich will kein Krüppel sein –, ich will nicht hilflos daliegen...‹

Und dann begann ich mit mir selbst zu kämpfen. Ich beobachtete mein Gehirn. Ich wollte wissen, ob der Tod, der nach mir gegriffen hatte, mich nur teilweise wieder freigab.

Ich hatte seltsame Dinge erlebt. Ich war auf der anderen Seite gewesen. Ich weiß noch genau, wie es geschah. Das letzte, woran ich mich erinnerte, war der Augenblick, als ich durch die Tür des Operationssaales gefahren wurde – dann stand ich vor einem Berg, der mit vielen Blumen bewachsen war. In der Ferne sah ich helles Licht, und dieses Licht kam auf mich zu und erfüllte mich mit einer wundervollen Wärme.

Aus diesem Licht, aus dieser Wärme drangen Klänge an mein Ohr, Musik von einer seltsamen Harmonie. Ich sah Menschen, die auf mich zukamen. Ich konnte mich jetzt auf einmal nicht mehr besinnen, wer diese Menschen waren. Aber als ich sie sah, erkannte ich sie und sprach auch mit ihnen. Es waren ausnahmslos Menschen, die vor mir gestorben waren,

Freunde, die im Krieg geblieben waren, eine Frau, die sich aus Liebeskummer wegen eines Mannes das Leben genommen hatte.

Ich sah sie und sagte mir, daß die Begegnung mit all diesen Toten doch nur einen Sinn haben könnte: daß ich selbst schon tot sei.

Dieser Zustand, dieses plötzliche Wissen, daß alles vorbei sei, machte mir keine Angst. Ich wartete nur auf das, was nun kommen sollte.

Da auf einmal wurde ich an der Schulter gefaßt, an beiden Schultern. Ich wurde zurückgerissen, zurück von dem Berg mit den Blumen, zurück von den Freunden, mit denen ich gesprochen hatte. Mir war, als sei ich auf einem Abhang plötzlich ins Gleiten gekommen. Es wurde dunkler und dunkler um mich her. Eben noch befand ich mich in einem Zustand wundervoller Glückseligkeit, und nun litt ich unsagbar. Ja, ich litt unter Schmerzen, unter qualvollen Schmerzen in meiner Brust, in meinem Herzen, in meinem Kopf. Ich fühlte, wie jemand mit einer Hand in mir mein Herz berührte, mein Herz hielt.

Und dann war ich wieder auf Erden. Es mußte Nacht geworden sein. Ich hörte nichts. Ich sah nichts. Man antwortete mir nicht. Ich konnte mich nicht rühren. Aber wenn jemand mich anfaßte, spürte ich es und empfand es wie eine entsetzliche Qual. Aber – ich konnte nicht schreien, ich konnte niemandem sagen, wie sehr ich litt.«

Ein unheimlicher Kampf begann. Der Mann, der sich geweigert hatte zu sterben, Michael Clifton, der sich dagegen auflehnte, ein hilfloser Krüppel zu sein, legte sich in seiner finsteren Nacht ein Programm zurecht, wie er zurückfinden könnte – zu sich selbst. Er fühlte, daß sein Hirn nur auf einer Bahn denken konnte. Er mußte sich also auf einen Vorgang konzentrieren.

»Ich wollte sehen, die Dinge wieder wahrnehmen, die um mich waren. Ich dachte Stunde um Stunde nur an das Sehen. Alle möglichen Bilder stellte ich mir plastisch und farbig vor. Ich überlegte alles, was ich schon einmal über den Vorgang des Sehens gehört oder gelesen hatte. Die Augen waren – so wußte ich – nicht unabhängige Organe, die mit dem Gehirn verbunden waren, sondern Hirnzellen, die in einer frühen Stufe der menschlichen Entwicklung sich nach außen gestülpt hatten. Wenn also mein Hirn noch funktionierte, wenn ich mir Bilder vorstellen konnte – dann mußte ich auch sehen können. Man sagte mir später, daß es nach meinem Erwachen siebzehn Tage gedauert hätte, bis ich plötzlich auf Dinge reagierte, die vor meinen Augen bewegt wurden. Ich sah schwache Schatten.«

Die erste Farbe, die Michael Cifton erkennen konnte, war Rot. Man gab ihm rote Decken, man hängte ein rotes Tuch an die Wand des Krankenzimmers, um ihn zu seinem Kampf zurück ins Leben anzuspornen.

Der Erfolg ermutigte ihn. Er wollte sprechen lernen. Anfangs war es nur ein sinnloses Stöhnen und Flüstern, das über seine Lippen kam. Aber eines Tages war es soweit. Er konnte wieder ein Wort sprechen. Es war das gleiche Wort, das er als Kind zuerst gelernt hatte: »Mutter – Mutter!« Und wiederum einige Wochen später begann er zu gehen. Zunächst war es ein Taumeln und ein Fallen – wie bei einem Kind. Aber er gab nicht mehr auf. Er wußte, daß er mit eisernem Willen den Tod vollends besiegen konnte. Das Gehör war wieder zurückgekehrt. Er nahm Geräusche um sich wahr. Von den Ärzten wollte er genau wissen, wie die Funktionen im Gehirn vor sich gingen; denn er hatte den Gehirnströmen nachgespürt. Er hatte Leitbahnen entdeckt, die vielleicht niemals in seinem Leben angesprochen worden waren. Er fühlte, daß er ein doppeltes Bewußtsein hatte:

– Das Bewußtsein der unmittelbaren Umgebung und der Verhältnisse, in denen er lebte.

– Das Bewußtsein der Erinnerung, die ganz langsam wieder in ihm auftauchte.

Die Ärzte kamen mit kleinen elektrischen Geräten und setzten Nadeln auf seinem Kopf an. Sie reizten hier und reizten dort, indem sie elektrische Ströme von dieser Kopfstelle aus durch das Gehirn schickten.

Er spürte Musik, wenn sie Strom an einen bestimmten Punkt über dem Ohr führten. Er hörte ein Lied und meinte sogar, dieses Lied zu singen – und doch sang dieses Lied nur in seinem Kopf, weil ein elektrischer Reiz dort geführt wurde und irgend etwas in den Zellen im Gehirn antwortete.

Sie ließen ihm nun keine Ruhe mehr. Ein Quadratzentimeter nach dem anderen wurde auf seinem Kopf gereizt, wurde geweckt. Die Ärzte erklärten ihm, der schließlich schon ›drüben‹ gewesen war, daß vermutlich während der Minuten, die man ihn als tot bezeichnen mußte, eine zu weit gehende Abkühlung der Gehirnzellen eintrat. Sie stellten damit ›ein für allemal‹ ihre Funktionen ein.

Aber der unheimliche Wille des Michael Clifton, der nicht tot sein wollte, ein Wille, der aus dem Gehirnstamm entwuchs, hämmerte ununterbrochen wie mit elektrischem Starkstrom, der von innen kam, auf diese Zellen ein. Und mit der äußersten Konzentration, die Michael Clifton in seiner dunklen Einsamkeit in sich entwickelte, zielte er unbewußt auf die Gehirnzellen, wo die Funktionen ihren Sitz hatten, die in seinem Denken und Fühlen, in seiner Existenz versagten.

Unter den Ärzten und Pflegern gab es nur eine Feststellung:

»Was er zustande brachte, ist ein Wunder. Wir haben nie einen solchen Menschen gesehen. Sein Wille war so stark, daß er darüber sogar jedes Klagen verlernte. Nie kam ein Wort, nie eine Geste der Unzufriedenheit, nie ein mißmutiger Blick. Er dachte nur und wollte – und wollte. Wenn man es richtig betrachtet, dann ist es ein Wunder des menschlichen Willens.«

Seine Mutter hatte sich, da sie den Jammer ihres hilflosen Sohnes nicht mit ansehen konnte, zurückgezogen in ein Kloster. Was konnte ihm noch anderes nützen als für ihn zu beten? Sie verließ das Kloster erst wieder, als er ihr mit einer neuerlernten, etwas merkwürdigen Schrift mitteilte: »Ich lebe wieder. Ich bin wieder da, Mummy. Du kennst doch die Parole unseres Hauses: Tod oder Triumph. Ich habe über den Tod triumphiert. Gewiß hat Dein Beten mir geholfen. Oder war es die Kunst der Ärzte?« Sie kam wieder zu ihm zurück und war glücklich, ihren Sohn wiederzusehen.

»Ist Ihnen vielleicht aufgefallen, ob Ihr Sohn ein anderer wurde? Wenn schließlich ein Mensch schon einmal so weit fort war und dann zurückkommt, dann könnte es doch sein, daß er...«

Diese Frage richtete Dr. J. C. McGown an Violet Clifton. Sie nahm sich Zeit, ehe sie dem Arzt eine Antwort gab:

»Er ist ein anderer geworden. Sie haben recht, Doktor, er ist genauso nett und lieb wie einst. Aber etwas ist anders an ihm. Er ist in die Nacht verliebt. Früher freute er sich, wenn die Sonne aufging, und er war traurig, wenn es abend wurde; heute liebt er die Nacht leidenschaftlich. Er liebt sie so, wie sonst wohl ein Mann sein Land oder seine Frau liebhaben mag. Ich fühle es: Er wartet darauf, daß die Welt ringsumher weicher wird, indem das Licht versinkt und die scharfen Umrisse vergehen.

Manchmal läuft er dann mitten in der Nacht hinaus aus dem Haus – ich weiß nicht wohin. Er geht durch die Straßen. Er muß auch durch die Wälder gehen; wenn er heimkehrt, sind seine Schuhe lehmig und beschmutzt.«

Dr. J. C. McGown legte sich auf die Lauer. Er opferte acht Nächte. Dann hatte er das Geheimnis gelüftet. Michael Clifton ging nachts auf die Friedhöfe. Er saß auf den Bänken und schien die Ruhe dieser makabren Stätten zu genießen. Und dann kehrte er gleichmütig, beinahe fröhlich wieder nach Hause zurück.

Dr. McGown hat nie mit Michael Clifton über das gesprochen, was er heimlich beobachtete. Wie soll man mit einem Menschen über sein Verhalten auf dieser Erde sprechen, wenn er schon einmal im Jenseits war? Mochte sein Vater ein großer Abenteurer im Dschungel, im Urwald, in der Wüste, in der Arktis gewesen sein – Michael Clifton war der Stärkere, der Mutigere. Er nahm den Kampf mit dem Jenseits auf und bestand ihn.

Dank einer vollendeten Operationstechnik und schnellster Hilfe gelingt es heute, immer mehr Menschen aus dem Jenseits zurückzuholen. Michael Clifton ist kein Einzelfall. Über die Rückkehr einer 23jährigen Krankenschwester liegen die nüchternen Berichte von Beobachtern und eines Arztes vor, jener Personen, die sich in der entscheidenden Phase um sie bemühten.

Die Lebensgeschichte der Bulgarin Penka Naidenowa ist rasch erzählt. Sie kam im Jahre 1938 in einem Vorort von Sofia zur Welt. Mit achtzehn Jahren wurde sie Krankenschwester und arbeitete in den letzten Monaten vor dem tragischen Ereignis, das ihr Leben bestimmen sollte, in der Operationsabteilung. Sie war für die Instrumente und Apparaturen verantwortlich. Und bei der Sterilisierung eines Gerätes ereignete sich dann jener Zwischenfall, der aus Penka Naidenowa eine medizinische Weltsensation werden ließ. Sie ist eine Frau, die nachweisbar starb, die Frau, die 120 Minuten klinisch tot war und dann zu einem neuen Dasein erweckt wurde.

Sie legte die gereinigten Instrumente in den Sterilisator. Mit der linken Hand hielt sie die elektrische Leitung, die eine Stromstärke von 380 Volt aufwies, während sie mit der anderen Hand den Wasserhahn zudrehte. Der Strom ging vom Kabel aus durch ihre Arme, durch ihre Brust, durch ihren ganzen Körper. Dann fiel sie zu Boden.

Die erste Feststellung eines innerhalb weniger Sekunden neben ihr knienden Assistenzarztes:

»Herztöne nicht mehr zu hören – Puls nicht mehr zu fühlen!« Er ordnete sofort künstliche Beatmung an. Man rief einen Herzspezialisten hinzu. Er machte eine Injektion unmittelbar in die Herzgegend und eine zweite direkt in das Herz hinein. Nach sechs Minuten waren noch keine Herztöne hörbar, kein Puls zu fühlen.

In diesem Augenblick kam Dr. Pjotr Deredjan durch die Station. Er kannte Penka Naidenowa seit Jahren. Hier ging es um Minuten:

»An Ort und Stelle liegenlassen, nicht bewegen! Sofort ein Rohr in den Mund bis in die obere Luftröhre einführen – künstliche Atmung durch Intubation!«

Die Ärzte und Schwestern der Station lösten sich ab, durch das Rohr Luft in die Lungen der Penka Naidenowa hineinzublasen, bis ein Narkoseapparat herangefahren war, der diese Funktion automatisch übernahm.

Aber Dr. Deredjan wußte, daß diese Intubation allein nicht helfen konnte. Er hatte mit wenigen Worten drei Operationsschwestern zugerufen, was er brauchte. Und so wie die Tote vor ihm auf dem Boden lag, begann er zu operieren:

– Blitzschnelle Öffnung des Brustkastens, Freilegung des Herzbeutels;
– Massage des völlig erschlafften und stilliegenden Herzens, ohne den Herzbeutel aufzumachen.

»Gleich muß mich einer ablösen! So schnell massieren wie nur möglich! Es müssen wenigstens 120 bis 140 Zusammenziehungen des Herzmuskels mit der Hand herbeigeführt werden. Nicht nachlassen – nicht aufgeben!«

Dr. Deredjan schaute auf die Uhr. Dreißig Minuten waren schon verflossen.

In der 37. Minute begann das Herz zu flimmern.

»Den elektrischen Schockapparat fertig machen – einstellen auf Reizstöße von einer halben Sekunde bei 150 Volt!«

Nach zwei Schlägen hörte das Flimmern auf. Aber das Herz stand still. Und wieder begann die Massage. In der 43. Minute zeigten sich normale Kontraktionen des Herzmuskels, doch sobald man die Massage unterbrach, hörte die Tätigkeit des Herzens auf.

Der Menschen, die sich um die Tote bemühten, ermächtigte sich eine unheimliche Erregung. Neunzig Minuten arbeitete man nun schon, seit neunzig Minuten massierte man das Herz. –

Da – die Operationswunde begann zu bluten. Die Brusthöhle füllte sich mit Blut.

»Wir müssen jetzt operieren. Im OP alles fertig machen. Für die Bluttransfusion 1250 ccm vorsehen. Blutgruppe ist bekannt. Außerdem 800 ccm Traubenzuckerlösung. Leichte Äther-Sauerstoff-Narkose. Am Fuß eine Vene öffnen für die Aufnahme der Traubenzuckerlösung!«

Und noch einmal arbeitete man dreißig Minuten. Dann war es geschafft. Das Herz schlug – 110 Schläge in der Minute, Blutdruck 120/60.

Der Kampf war jedoch noch nicht zu Ende. Über 72 Stunden ging er weiter. Penka Naidenowa lag in tiefster Bewußtlosigkeit. Auf der Krankentabelle wurde jetzt notiert:

– Atmung normal;

– Blutdruck schwankend zwischen 180 und 120/90 und 60;

– Puls 150–160/Min.

Die Ärzte ließen die Patientin nicht aus den Augen. Jeden Augenblick konnte der Kreislauf zusammenbrechen. Die Herztätigkeit mußte stabilisiert werden. Als man sie zu diesem Zeitpunkt anrief, reagierte sie noch nicht. Erst nach 72 Stunden versuchte sie, die Augen zu öffnen und ihren Kopf in die Richtung zu wenden, aus der der Ruf kam. Sie wollte etwas sagen, brachte aber nur Zischlaute heraus.

Langsam, ganz langsam kam das Leben zurück. Erst am zehnten Tag begann die Kranke zu sprechen, einzelne Wörter, kurze Sätze. Sie gab Antwort auf Fragen und wußte sogar ihren Namen. Aber sie erkannte niemand.

Das Elektrokardiogramm wies schwere Herzmuskelschäden auf und Veränderungen, die durch Sauerstoffmangel bedingt waren. Die Töne des Herzens waren dumpf, seine Grenzen leicht verbreitert. Unterhalb des Rippenbogens fühlte man eine Vergrößerung der Leber um vier Fingerbreit.

Erst nach zwei Monaten konnte Penka Naidenowa allein essen, aufstehen und sich ohne Hilfe bewegen. Sie beherrschte wieder ihre Sprache, aber mit einer merkwürdigen Absonderlichkeit: sie konnte fehlerlos schreiben, aber weder das wieder lesen, was sie eben niedergeschrieben hatte, noch verstand sie einen Text aus gedruckten Buchstaben. Sie sah die einzelnen Buchstaben, ohne Sinn und Zusammenhang zu erfassen.

In dieser Zeit begannen die Erinnerungen wach zu werden aus dem Zustand, in dem man sie als Tote angesehen hatte.

»Ich war in einer merkwürdigen Welt. Die Sonne schien, und die Wiesen waren grün. Ich bewegte mich so leicht, als könnte ich fliegen. Meine Großmutter hatte mir früher mitunter vom Paradies, vom Himmel erzählt, und so, wie ich mir als Kind in meiner Phantasie diesen Himmel vorgestellt hatte, so sah ich ihn jetzt.

Ich bin auch Menschen begegnet, aber ich kann mich nicht an diese Menschen besinnen. Sie erschienen mir bekannt, ich habe sie schon einmal gesehen. Ich versuche immer, mir ihre Gesichter vorzustellen, damit ich mich vielleicht an ihre Namen erinnere. Aber je weiter das Erlebnis zurückliegt, um so unklarer wird alles.

Es muß unbedingt gesagt werden, daß ich noch nie in meinem Leben ein solches Gefühl des Glücks und der Zufriedenheit hatte wie in dieser wunderschönen Welt. Waren es Minuten, waren es Stunden? Den Begriff ›Zeit‹ gab es dort für mich nicht.«

Die Wissenschaft hat aus dem Fall »Penka Naidenowa« den Schluß gezogen, daß die Ausgleichsmöglichkeiten der Großhirnrinde beim Menschen viel größer sind als bei allen übrigen Lebewesen und daß für die Hilfestellung an Todeskandidaten neue Richtlinien aufzustellen sind.

Penka Naidenowa jedoch ist eine andere Persönlichkeit geworden. Die Veränderungen an ihrer Seele erwuchsen aus den Ereignissen, die sich an jenem 24. März um 17 Uhr 30 in der Station 9 des Krankenhauses in Sofia abspielten.

»Denken Sie viel an den Tod und denken Sie daran, daß Sie im Tode nur Ihren bisherigen siechen Körper ausziehen, wie man ein altes Kleid auszieht, um in einer Himmelswelt einen neuen, schöneren, reineren Körper zu erhalten, in Gesellschaft glückseliger Wesen. Denken Sie oft auch an diese Himmelreiche. Das schafft dann in Ihnen Wahlverwandtschaft mit solchen Himmelreichen, so daß Sie in ein solches kommen werden müssen. Wenn Sie Ihren Geist mit solchen Gedanken anfüllen, wie könnten Sie dann noch traurig sein oder gar in Weinen ausbrechen? Vielmehr wird schon jetzt stille Heiterkeit in Sie einziehen, und werden Sie Ihre Krankheiten gelassen ertragen, gehe es, wie es will. Was kann denn schon passieren, als daß Sie, wenn Sie so denken, wie ich Ihnen eben gesagt habe, in eine Himmelswelt kommen? Und davor fürchten Sie sich und weinen? Freuen sollen Sie sich und können Sie sich, wenn Sie mein Rezept befolgen. Alle Menschen, alle Wesen überhaupt müssen sterben, auch ein Erhabener muß sterben. Und da regen sich die Menschen auf bei solchen Gedanken. Regen Sie sich auch auf, wenn abends die Sonne untergeht? Und warum nicht? Was liegt daran, morgen steigt sie wieder von neuem am Horizont auf. So auch gehen wir im Tod nur unter, um alsbald in neuer Gestalt wieder aufzustehen. Ich denke eigentlich seit Jahren unaufhörlich an den Tod und werde dabei innerlich zufriedener.«

Georg Grimm (1886–1945)

13

»Ich sprach mit meiner Geliebten im Jenseits!«

*Der geistige Leib schwebte über dem zerschlagenen Körper
Charles Aznavour sah seine eigene Beerdigung
»Ich schrie und tobte in meinem Sarg!«*

Mit einem tragischen Autounfall begann für den Sänger Serge Lama die Reise ins Jenseits. Auf dem Wege nach Aix-en-Provence geriet sein Wagen bei hoher Geschwindigkeit ins Schleudern und prallte gegen einen Baum. Serge Lama fühlte, wie sein Körper vom Sitz gerissen wurde. Er verlor das Bewußtsein und kam erst drei Tage später wieder zu sich, nachdem die Ärzte ihm die Milz entfernt hatten. Er erfuhr, daß sein Herz zum Stillstand gekommen und somit der klinische Tod eingetreten war. Während dieser Zeit hatte er ein unheimliches, erregendes Erlebnis.

Zuerst nahm er eine gewaltige Lichtexplosion wahr. Der grelle weiße und blendende Schein erinnerte an ein Magnesiumfeuer. Das donnernde Geräusch des Zusammenstoßes war in seinem Ohr noch nicht verklungen, als er spürte, wie plötzlich in ihm eine ungeheuerliche Kraft lebendig wurde. Ein anderes Ich schien sich langsam von seinem Körper zu lösen. Der Vorgang erinnerte an die Verdoppelung, wie sie von Medien bei Sterbenden beobachtet werden. Der geistige Leib des Sängers schwebte nach seinen Angaben über dem zerschlagenen physischen Körper. Alle Schmerzen verschwanden in dem Augenblick, als der feinstoffliche Leib sich abzusetzen begann.

Zur gleichen Zeit vernahm er in seiner Nähe ein Schluchzen. Es gelang ihm nur mit einiger Anstrengung, seine Augen zu öffnen. Er sah als gespenstische Silhouette die Geliebte, die auf der Fahrt neben ihm gesessen hatte. Das Mädchen entfernte sich jedoch, als Serge Lama ihm folgen wollte. Eine unsichtbare Sperre, die er nicht überschreiten konnte, hinderte ihn an diesem Vorhaben. Er blieb also hinter dieser geheimnisvollen Barriere, während die Gestalt der Geliebten völlig entschwand.

Statt dessen fand Serge Lama bei dem Anblick unheimlicher Bilder von Orten, an denen er schon gewesen zu sein glaubte, die Bestätigung für seine Annahme, schon mehrfach auf Erden gelebt zu haben. So erschien ihm jene Herberge in der alten südfranzösischen Stadt Carcassonne, deren Festungstürme bereits unter der Herrschaft der Westgoten im 5. Jahrhundert erbaut wurden. Hier war er während einer Tournee mit dem Künstlerensemble eingekehrt. Damals hatte er beim Betreten der Herberge sofort die Gewißheit: Ich bin schon einmal hier gewesen, es muß eine sehr lange Zeit zurückliegen. Er erinnerte sich an drei Stufen, an eine nach oben führende Holztreppe.

Darüber waren einige Jahre vergangen. Aber jetzt, losgelöst von seinem stofflichen Körper, tauchte plötzlich im Jenseits das Bild der mittelalterlichen Herberge wieder auf. Der Sänger sah sich selbst in ihrem Innern in der braunen Kutte eines Mönchs, umgeben von anderen Männern. Offensichtlich hielt sich die Gruppe versteckt. Plötzlich drangen bewaffnete Soldaten in den Raum, ein Fluch war zu hören, und es wurde gekämpft. Als die Soldaten die Oberhand gewannen, sah sich Serge Lama in dem Keller und dort durch die Falltür in einen Gang fliehen, der ins Freie führte.

Draußen war der Himmel rot erleuchtet, und er wußte sofort, was das zu bedeuten hatte: Die Scheiterhaufen waren bereits angezündet. Serge Lama begriff auf einmal, als er diese Vorgänge beobachtete, warum ihm dieses verschwommene Bild eines Kellergewölbes aus einem früheren Leben in der Erinnerung haftengeblieben war.

Während der Albigenser-Kriege wurde um das Jahr 1209 in Carcassonne heftig gegen die Katharer gekämpft. Diese Sekte war vom Ende des 10.

bis zur Mitte des 15. Jahrhunderts in den meisten Ländern des südlichen und westlichen Europas unter verschiedenen Namen verbreitet. Die Katharer (das Wort stammt aus dem Griechischen und bedeutet »die Reinen«, und ihm entspringt ebenfalls die deutsche Bezeichnung »Ketzer«) wollten die reine Lehre Jesu wiederherstellen. Serge Lama zählte zu denjenigen Katharermönchen, die den Truppen des Kreuzheeres unter Simon Montfort und damit der Inquisition und dem Feuertod mit knapper Not entrinnen konnten.

Für kurze Zeit bedeckte der Sänger mit der Hand die Augen, um die schreckliche Vision zu vertreiben. Als er den Blick wieder freigab, zeigte sich ihm sofort mit aller Deutlichkeit ein anderes Bild.

Vor ihm tauchte der Innenhof eines Hotels im alten Pariser Quartier de Marais auf. Serge Lama sah sich selber dort stehen und eine sehr schöne junge Frau umarmen, die eine lange Krinolinenrobe trug und seiner soeben entschwundenen Verlobten auf eine seltsame Weise ähnelte. In der Ferne vernahm er das zornige Geschrei von Volksmassen, die sich um die Bastille versammelt hatten. Der Kuß, bei dem er zuschaute, gehörte zu einer Abschiedsszene. Es mußte sich bei der jungen Frau um eine vom Tode bedrohte Aristokratin handeln, denn sie flüsterte: »Wenn man mich verhaftet, werde ich hier auf diesem Stein ein Kreuzzeichen einritzen. Entdeckst du es, weißt du, daß sie mich zum Schafott geführt haben.« Sie zeigte dabei mit der Hand auf eine Mauer nahe der Fensterbank.

Die Rückkehr ins Leben zeigte sich dadurch an, daß seine gebrochenen Knochen und die zerrissenen Muskeln wieder heftig zu schmerzen begannen. Die Schmerzwellen gelangten bis zum Gehirn. Als Serge Lama die Augen öffnete, fand er sich in Gips in einem Krankenhausbett. Ein Arzt richtete das Wort an ihn, aber er war noch nicht in der Lage, den Sinn zu erfassen. Nur ein Gefühl beseelte ihn: Es wurde ihm klar, daß er den Tod noch einmal überwunden hatte.

Nachdem Serge Lama das Bewußtsein wieder voll zurückgewonnen hatte, erfuhr er, daß sein Freund Enrico Macias und seine Verlobte, die beide bei ihm im Wagen gesessen hatten, ihren Verletzungen erlegen waren. Zwei Jahre lang konnte der Sänger nicht gehen und war ans Bett gefesselt. Als er sich danach mit Hilfe von Krücken wieder fortbewegen konnte, führte ihn sein erster Weg mit einem Taxi in das Quartier de Marais. Er fand in dem Hotel die Fensterbank wieder, die er im Jenseits gesehen hatte. Auf einem grauen und schmutzigen Eckstein war das Kreuzzeichen eingegraben, das er suchte...

Sechzehn Jahre lang schwieg Charles Aznavour, der auch bei uns sehr bekannte französische Sänger, ehe er sich entschloß, über die Erlebnisse zu sprechen, die er nach einem Autounfall am 31. August 1956 in der Nähe von Brignoles gehabt hatte. Was er während der Stunden seines klinischen Todes sah und hörte, schildert er mit seinen eigenen Worten:

»Zu spät zum Ausweichen – der Lastwagen war so plötzlich aufgetaucht, daß ich mich beim Zusammenprall nur noch krampfhaft an meinem Lenkrad festklammern konnte. Ich hörte einen Knall, und meine Nase sowie die Stirn schlugen gegen die Windschutzscheibe. Eine schwere Last stürzte auf meine Knie, und ein spitzer Gegenstand durchbohrte meinen Oberschenkel. Dann verließ mich das Bewußtsein bis auf die Vorstellung, daß überhaupt kein Unfall stattgefunden hatte, sondern daß mein Wagen lediglich anhielt.

Ich versuchte, meinen rechten Arm zum Gesicht zu führen, aber er versagte den Dienst. Auch den linken Arm konnte ich nicht bewegen. Dennoch hatte ich keine Angst, denn ich befand mich in einer stillen Welt, die von einem lebhaften rosa Nebel erfüllt war. Zudem saß ich noch immer auf dem Fahrersitz meines Wagens. Allerdings hatte mich jeder Zeitbegriff verlassen, und ich war nicht mehr in der Lage festzustellen, ob seit dem Stillstand des Autos Minuten oder Stunden vergangen waren. Mich erfüllte ein starkes Wohlgefühl, das nur dadurch noch erhöht wurde, daß eine angenehme Wärme meinen Körper durchrieselte.

Plötzlich hörte ich eine Stimme: ›Mein Gott, er ist tot!‹

Bei diesen Worten fragte ich mich, um wen es sich wohl handeln könnte, und ich begann mich um meine beiden Mitfahrer, Claude Figus und Leccia zu sorgen. Gleichzeitig wurde ich aus dem verunglückten Fahrzeug gezogen. Immer noch umgab mich der rötliche Nebel, und ich konnte die Menschen in meiner Umgebung nicht erkennen. Nur hörte ich: ›Helfen Sie den anderen zuerst, denn der hier ist tot!‹

Offensichtlich war ich damit gemeint.

Man legte mich lang ausgestreckt auf den Erdboden nieder. Ich wollte den Helfern sagen, daß mir nichts Ernstliches fehle, aber ich hatte den Eindruck, daß man mich nicht hörte, dennoch vernahm ich mich selber laut rufen: ›Helft ihm! Helft ihm!‹ Ich meinte damit Claude Figus.

Dann empfand ich, wie meine Kleidung geöffnet wurde und sich ein Kopf auf mein Herz legte.

›Sie haben recht, er ist tot, sein Herz schlägt nicht mehr!‹ Diesmal erklang die Stimme ganz nah an meinem Ohr.

Erst jetzt wurde mir klar, daß man von mir sprach. Irgendwie erfüllte mich ein ungeheures Gefühl der Erleichterung. Das war also der Zustand des Todes, der uns unser ganzes Leben lang so sehr in Angst versetzt, der als Schreckbild betrachtet wird: diese völlige Stille, dieser innere Frieden, diese zartroten Nebel! Ich fragte mich, warum man überhaupt davor Furcht empfindet, denn offensichtlich bestand nicht die geringste Ursache.

Aber plötzlich packte mich dennoch das Entsetzen und veranlaßte mich, laute Angstschreie auszustoßen. Hierzu setzte ich alle mir verbliebene Kraft ein, denn mir wurde jäh bewußt, daß ich gar nicht wirklich tot war.

Vernahm ich nicht Geräusche aus der Welt der Lebenden, hörte ich nicht die Stimmen der Gendarmen, Zischgeräusche, das Kreischen von Bremsen, die lauten Zurufe der an der Unfallstelle haltenden Autofahrer? Angesichts dieser Tatsache erschien es mir unbedingt notwendig, mich bemerkbar zu machen und meiner Umgebung zu sagen, daß ich noch am Leben sei, damit mir Hilfe gebracht wurde.

Ich schrie und schrie mit lauter Stimme, aber niemand schien es zu bemerken, obwohl ich in dem mich umgebenden rötlichen Nebel deutlich die Silhouette sich bewegender Gestalten erkannte. Auf einmal sah ich gar nichts mehr. Nur fühlte ich, daß etwas meine Augen berührte, und dann senkte sich vor mir ein großer schwarzer Vorhang nieder. Es erschien mir, als habe ein Gendarm mir die Augen geschlossen und eine Decke über meinen Körper ausgebreitet.

Für die Helfer am Unfallort war ich demnach nur noch ein Leichnam am Straßenrand, mit dem man sich im Augenblick nicht mehr zu befassen brauchte. Meine Schreie und Rufe stellte ich jedoch erst ein, als ich bemerkte, daß man mich an einen anderen Ort schaffte. Nun bot ich meine letzte Willenskraft dazu auf, um zu erfassen, was mit mir vorging, denn ich vernahm Geräusche, deren Ursprung mir völlig unerklärlich blieb.

Wie ein Blitz durchfuhr mich der Gedanke, daß ich nun nicht mehr an der Unfallstelle auf der Landstraße unter einer Wolldecke, sondern in meinem eigenen Sarg lag.

Ein leises Schluchzen erfüllte mich mit Genugtuung: Evelyn, meine erste Frau, war zu meiner Beisetzung gekommen! Sie stand neben dem großen, silberbeschlagenen Sarkophag in der kleinen russischen Kirche, die ich so gut kannte. Jetzt war sie angefüllt mit Menschen. Wieder wurde ich von Angstgefühlen geschüttelt, und der rosa Nebel machte mich sehr unruhig. Ich wollte rufen und alle Anwesenden darauf aufmerksam machen, daß ich noch lebte. Es durfte nicht geschehen, daß ich beerdigt wurde. Obwohl ich im Innern des Sarges lag, konnte ich trotzdem den Sarkophag von außen erkennen. Ich nahm also mit bewußten Sinnen an meiner eigenen Beisetzung teil.

Einige Personen näherten sich nun mit einem Weihrauchkessel. Da es der Lieblingsduft meiner Kindheit war, atmete ich den Rauch mit tiefem Genuß ein. Die Empfindung dieses Wohlgeruches werde ich wohl nie in meinem Leben vergessen. Die Trauergemeinde verließ langsam das Gotteshaus. Ich wurde hinausgetragen, wobei sich der starke Duft des Weihrauchs verlor und einem faden, entmutigenden Geruch der Verwesung Platz machte. Nun wurde mir bewußt, daß mein Körper sich in der Auflösung befand. Ich fragte mich, in welchem Jahrzehnt, in welchem Jahrhundert dieses geschah, ohne eine Antwort darauf zu finden. In meinem von Unbekannten herausgetragenen Sarg schrie und tobte ich. Ich wollte nicht in dieser Enge faulen, denn ich war ja noch lebendig. Nur die Mit-

welt glaubte, ich sei tot. Die immer penetranter werdenden Verwesungs-
gerüche machten mir klar, daß mein Schicksal unwiderruflich besiegelt
sei.
Und dann drang eine Stimme durch die Stille: ›Monsieur Aznavour, beruhigen Sie sich bitte!‹
Meine festverklebten Augen öffneten sich, und ich erkannte, daß sich eine
Krankenschwester über mein Bett beugte und mein Gesicht mit einem
Wattebausch reinigte. Das war der Duft, der mich mit so großem Entsetzen erfüllt hatte: Jetzt spürte ich auch wieder die heftigen Schmerzen, sie
wurden immer unerträglicher. Mein Oberkörper war mit Riemen am Bett
festgeschnallt.« Charles Aznavour wurde von der Krankenschwester bestätigt, was ihm durch den Kopf ging, als seine Lippen flüsterten: »Mir
geht es sehr schlecht!«
»Sie sind von weit her ins Leben zurückgekehrt, denn Sie wurden bereits
für tot gehalten. Ihr Herz hatte ausgesetzt, und sie begannen erst nach
der Massage wieder zu atmen.«

Der amerikanische Psychologe Dr. Ben Roberts hat im Laufe seines Wer-
degangs den Prozeß des Sterbens intensiv studiert. Er bestätigt die Erfahrungen vieler Ärzte, wonach Sterbende fast immer bereitwillig hinübergehen, und es nicht der Tod an sich ist, sondern die Umstände des
Sterbens es sind, wovor der Mensch sich fürchtet. Von den Menschen an
der Schwelle behauptet er:
»Sie scheinen etwas zu wissen, was wir, die wir gesund sind und dem Tod
noch nicht ins Auge sehen, nicht begreifen können. Man könnte daran
glauben, daß sich der Patient in den letzten Minuten seines Lebens bei
vollem Bewußtsein in zwei Welten befindet: in jener, die wir kennen, und
in jener, die wir das Weiterleben nach dem Tod nennen.
Viele Ärzte, die bis zum letzten Augenblick bei ihren Patienten ausharr-
ten, werden sich zweifellos erinnern, daß Sterbende plötzlich einen toten
Verwandten begrüßen oder eine eindringliche Beschreibung einer friedli-
chen Naturszene, eines Gartens oder eines Ganges geben. Es ist so, als
hätte sich vor dem Sterbenden plötzlich irgendeine Öffnung aufgetan, so
daß er beschreiben konnte, was er in dem Augenblick sah, als er durch
diese Öffnung trat.«
Ihm ist der Fall des zehnjährigen Hans Borgmann bekannt, der von einer
zusammenbrechenden Mauer verschüttet wurde.
Er lag im Krankenhaus tagelang in tiefer Bewußtlosigkeit. Dr. Paul Klein,
der ihn betreute, versicherte: »Zweimal während jener fünf Tage war der
Junge klinisch tot.«
Für Dr. Klein ist das, was Hans Borgmann nach seiner Genesung berichtete, ein Beweis für ein Leben im Jenseits:
»Ich fühlte mich herrlich. So herrlich, daß ich nur hoffte, dieses Gefühl

würde nie vorübergehen. Zweimal besuchte ich ein anderes Land. Es spielten dort viele Kinder im Freien und in großen goldenen Städten. Ich wollte auch mit ihnen spielen, aber sie sagten zu mir, dazu würde ich keine Zeit haben.

Das erste Mal, als ich fortging, sah ich die Kinder im Freien mit so herrlichem Spielzeug, daß ich mich nicht losreißen konnte. Sie hatten Instrumente, mit denen sie eine wunderbare Musik erzeugten, und Blumen, bei denen man das Wachstum verfolgen konnte. Beim zweiten Mal sah ich eine riesige Stadt aus purem Gold und angefüllt mit Kindern. Sie waren so glücklich. Wir lachten zusammen. Als dann aber plötzlich alles verschwand, war ich unendlich traurig, weil ich begriff, daß ich zurückkehren mußte.«

Die Auffassung von Dr. Ben Roberts vertritt ebenfalls sein Kollege Dr. Isaac Simons aus Toronto/Kanada:

»Der Mensch hat ein wenig davon gelernt, wie unser physischer Körper funktioniert, aber er war bisher unfähig, die wirkliche Grundlage des Lebens zu erfassen. Nenne man es, wie man will – übernatürliche Kraft, eine Form von Energie, Schwingungen oder Seele –, jedermann muß zugeben, daß der Mensch aus mehr als Fleisch, Knochen und Muskeln besteht. Es ist durchaus vorstellbar, daß das, was wir Leben nennen, existieren konnte, bevor unser irdischer Körper geboren wurde und nach dem Tod des Körpers weiterhin existiert.«

Er verweist u. a. auf seine Erfahrungen mit einer Patientin, die an den Folgen eines Autounfalls starb.

Mrs. Sandra Farrel ist eine 30jährige Hausfrau mit zwei Kindern. Sie wollte mit ihrem Mann Freunde besuchen, als ihr Wagen gegen einen großen Lastzug fuhr.

Mrs. Farrel wurde bewußtlos im Krankenhaus eingeliefert.

»Sie hatte sehr viel Blut verloren und eine Anzahl schwerer innerer Verletzungen erlitten«, berichtete Dr. Simons. »Spät in der Nacht hörte ihr Herz zu schlagen auf, und während 5 oder 6 Minuten mußte ein Team von Spezialisten arbeiten, bis es gelang, sie zum Leben wiederzuerwecken.«

Nun befürchtete Dr. Simons das Schlimmste, wenn man ihr den Tod ihres Mannes mitteilen würde. Auf dem langen Korridor zu ihrem Zimmer überlegte er, wie er ihr diese tragische Nachricht noch eine Weile vorenthalten könnte. Er öffnete die Tür, doch bevor er ein Wort sagen konnte, schaute ihm die Patientin in die Augen und flüsterte: »Dr. Simons, es ist schon gut, ich weiß, daß mein Mann – tot ist.«

Sie mußte es dem Arzt angesehen haben, daß er aus allen Wolken gefallen war. Und da erklärte sie ihm, daß sie vom Schicksal ihres Mannes wußte, weil sie ihn gesehen hatte, während sie selbst klinisch tot war:

»Ich wußte, daß ich gestorben war, weil ich fühlte, wie mein Herz zu schlagen aufhörte. Ich erinnere mich an meinen Gedanken: ›Das ist das Ende‹. Dann schwebte ich weiter und weiter fort. Plötzlich befand ich mich auf einem Wiesenweg, hatte aber das Gefühl, daß beim Schreiten meine Füße den Boden nicht berührten. Ich war darüber in keiner Weise überrascht. Ebensowenig erstaunt war ich, als mir John, mein Mann, begegnete.

Mich erfüllte das Verlangen, an Johns Seite weiterzugehen. Es war so friedlich und herrlich, ich fühlte mich unendlich glücklich. Aber John duldete es nicht. Ganz sanft drehte er mich herum und sagte, ich müsse noch für einige Zeit zurückgehen.

Glauben Sie nicht, daß ich traurig bin, daß er von mir gegangen ist. Ich weiß, er ist glücklich, und ich habe die Gewißheit, daß ich ihn wiedersehen werde.«

»Nun stehst du vor dem Todesgott!

Umsonst versuchst du deine bösen Taten zu leugnen. Im Spiegel des obersten Richters erscheinen die Gestalten deiner Handlungen alle. Wisse: daß die sämtlichen Gestalten, die du in dem postmortalen Zustand, genannt ›Bardo‹, betrachten kannst, unwirklich sind; von dir selbst hervorgerufene Traumbilder sind, die du nun aussendest, ohne sie als dein Werk zu erkennen, und die dich erschrecken. Der Spiegel, in welchem der Toten-Richter zu lesen scheint, ist dein Gedächtnis, das dich an die Kette der vergangenen Taten erinnert, die er nach den Begriffen, die du dir selbst gebildet hast, beurteilt; also gemäß deinen eigenen Ansichten über Gut und Böse. Du bist es, der dein Urteil ausspricht; kein schrecklicher Gott treibt dich dazu. Denn wisse: außerhalb deiner metapsychischen Projektionen gibt es weder Götter noch Dämonen, noch den Richter des Todes – nicht einmal das sogenannte »Bardo‹. Begreife dies endlich und werde frei.«

Bardo Thödol
(das sog. Tibetanische Totenbuch in der Urversion
von Padma Sambhava, ca. 749 n. Chr.)

14

In der »Höhle der Toten«

Der Sturz in den Abgrund
Makabres Spiel der Schreckgestalten
Der Aufenthalt im BARDO

Sven Steffenson war immer ein Einzelgänger gewesen. Auch als er eines Tages die Mittel in der Hand hatte, um die weite Reise durch Tibet zu machen, schloß er sich nicht einer Expedition an. Er versuchte allein, den Geheimnissen auf den Grund zu kommen, deren Enträtselung ihm seit seiner frühesten Jugend am Herzen lag.

Wer als Einzelgänger in die Berge des Himalaya hineingeht, der muß mit den Tücken rechnen, die die Natur dort für jeden Wagemutigen bereithält. Die Tibetaner freilich versichern, daß die Rache der Götter, die ihre Berge unberührt behüten wollen, jene treffe, die den Versuch unternehmen, Rätseln nachzuspüren, die für Fremdlinge nicht bestimmt sind.

Eines Tages war Sven Steffenson, ein hervorragender Bergsteiger, abgestürzt. Er hatte einen Sturz getan – über Hänge und Geröll hinweg 1500 Meter tief.

Tibetanische Teeschmuggler, die von China herüberkamen, fanden ihn. Es war noch ein Funken Leben in ihm, und weil ein Höhlenkloster so nahe lag, nahmen sie ihn mit und lieferten ihn dort ein.

Damit kam Sven Steffenson in die »Höhle der Toten«. So nennt man seit Jahrhunderten diese Höhle in Tibet, weil darin die Geister von Tausenden von Menschen umgehen sollen.

Den tibetanischen Mönchen, die hier hausen, scheint die Zeit das Gehör und die Empfindsamkeit für diese Dinge genommen zu haben. Sie beten ihr ewiges, eintöniges Sprüchlein von dem süßen Geheimnis in der Lotosknospe herunter und ... scheren sich nicht um Geister, die neben ihnen aufstehen, die mit ihnen zum Gebet schreiten oder nach Rhythmen beten, die auch den tibetanischen Mönchen unbekannt sind.

Dort, in der Höhle der Toten, lag Sven Steffenson sechs lange Monate – mit zerbrochenem Rückgrat – so gebettet, daß er sich nicht rühren konnte, so gepflegt, daß der Funken Leben in ihm erhalten blieb.

Eine englische Expedition, die mit einer Beleuchtungseinrichtung für Lhasa unterwegs war, kam in die Nähe der Höhle der Toten. Einer der Mönche sprach davon, daß ein Weißer in der Höhle liege. Und so kam es denn, daß die Engländer, als sie auf der nächsten Paßhöhe ihr Material einer tibetanischen Transportkolonne übergeben hatten, auf dem Rückweg Sven Steffenson mit sich nahmen.

Er war gelähmt, ein elender Krüppel, den man behutsam, weil jede Bewegung entsetzliche Schmerzen verursachte, über die Berge tragen mußte. Sven Steffenson hat noch fast zwei Jahre in einem nordindischen Hospital gelebt. Er ist dann jämmerlich zugrunde gegangen, weil kein Mensch ihm mehr helfen konnte. Aber ehe er starb, diktierte er alles, was er in der Höhle der Toten erlebte und sah.

»Ich glaube, ich war dem Tode näher als dem Leben, als ich den Sturz in die furchtbare Tiefe tat. Ich besinne mich ganz genau.

Ich hatte mich zu weit über einen Vorsprung hinausgewagt. Auf einmal gab das Gestein unter mir nach. Ich wußte plötzlich, daß ich fiel. Ich griff mit den Händen hierhin und dorthin, als ob ich mich anklammern wollte. Gedanken und Bilder von außerordentlicher Genauigkeit und Klarheit zogen an mir vorüber. Ich überlegte, welche Folgen dieser Sturz haben könnte. Ich nahm mir vor, sobald ich irgendwo auf dem Boden landete, die kleine Flasche mit Alkohol aus der Tasche zu nehmen, um einen Schluck zu genießen, um die Lebensgeister in mir wachzuhalten. Mir ging durch den Kopf, daß ich eine Brille trug und mir die Glassplitter ins Auge kommen konnten, wenn sie bei dem Sturz zu Schaden käme.

Auf einmal dachte ich daran, daß ich das Buch, das ich über diese Reise schreiben wollte, nie vollenden würde, wenn ich jetzt den Tod fände.

Ich träumte – während ich fiel. Ich dachte tausend Dinge und hatte keine Angst. Dann empfand ich plötzlich einen dumpfen Schlag, einen Aufprall

– aber ohne Schmerzen. Nein, ich hatte keine Schmerzen – auch kein Schreckgefühl, keine Atemnot!

Doch ich spürte, wie ich schon wieder rutschte und glitt und erneut im Raum schwebte.

Die Gedanken von vorhin setzten sich fort.

Nur schaute ich jetzt, während ich fiel, in den Himmel empor. Ich sah die Wolken und zwischen den Wolken ein Stück der wundervollen Bläue, die sich über den Berggipfeln wölbte. Und ich fiel und glitt noch immer. Ich wunderte mich, daß ich keine Schmerzen hatte.

Dann kam der schwere, dumpfe Aufschlag. Ich kam nicht mehr dazu, einen Schluck aus der kleinen Flasche zu trinken, denn ich hatte das Bewußtsein verloren. Nur das Bewußtsein?

Ich lag ganz in der Mitte eines riesigen dunklen Gewölbes. Kein anderes Wesen als ich war darin. Dieses Gewölbe war eisig kalt. Ich sah von der Decke herunter große Vögel auf mich zuflattern. Sie kamen ganz nah und hatten gewaltige runde Augen, die blitzten, als ob Feuer darin wäre, wenn sie ganz nahe an mich herangekommen waren. Diese Vögel waren so groß wie ich. Es hätten Fledermäuse sein können. Aber gab es so riesige Fledermäuse?

Ich überlegte, während ich diese Tiere sah, ob ich tot sei. Ich hatte vor diesen Vögeln keine Angst und empfand die Kühle des Gewölbes angenehm.

Immer mehr von den Vögeln umkreisten mich. Dann kamen Leuchtkäfer, die wie winzige Laternen über meinem Kopf stehenblieben, ein wenig nach rechts, ein wenig nach links auswichen und dann ein Stück auf mich herunterstießen, um schnell wieder fortzufliegen.

Ich wußte, daß ich mich nicht bewegen konnte, aber ich hatte keine Schmerzen. Ich mußte doch wohl tot sein.

Wenn ich die Augen schloß, drehte sich alles um mich her – jedenfalls hatte ich das Gefühl, als ob das wenige Gleichgewicht, das in einem Toten sein könnte, erschüttert würde, wenn ich nicht mehr mit meinen Augen diesen ungeheuren Fledermäusen und diesen Leuchtkäfern folgte. Aber kann man denn überhaupt die Augen schließen, wenn man tot ist?

Eines Tages – oder eines Nachts –, jedenfalls nach vielen Tagen, die ich in diesem dunklen kühlen Gewölbe verbrachte, erschienen auf einmal Gestalten, die Fackeln in den Händen trugen und auf den Köpfen Masken hatten, die mir das Blut in den Adern erstarren ließen. Furchtbare Augen glotzten mich an. Wesen, die nichts Menschliches mehr an sich hatten, umkreisten mich und schlugen mit Feuerbränden nach mir, aber ohne mich zu treffen, mich zu berühren, wie geschickte Akrobaten, die über mich hinwegzutanzen wußten – mit einer Leichtigkeit, mit einer Beschwinglichkeit, die nichts Irdisches mehr an sich hatte.

Nach diesem unheimlichen Besuch der Wesen mit den Fratzen und den

Masken, mit den Fackeln und den glühenden Feuerscheiten sah ich auf einmal die ersten tibetanischen Mönche mit den kahlgeschorenen Schädeln, die sich meiner annahmen, die mich pflegten.

Ich wußte nicht mehr, wie lange ich hier gelegen hatte. Ich wußte nicht, ob ich vorher tot war und nun zu neuem Leben erweckt wurde, oder was überhaupt mit mir gewesen war.

Jedesmal, wenn die Mönche wieder gingen und mich allein ließen, kehrten die Schreckgestalten, die Fledermäuse und die großen Glühkäfer, zurück und trieben mit mir, der ich wehrlos und bewegungslos war, ihr Spiel. Und ich hatte dennoch keine Angst, genauso wie ich keine Schmerzen verspürte.

Mit keinem Menschen konnte ich ein Wort sprechen, weil die Mönche, die mich besuchten, stumm waren. Eines Tages brachten sie mich in eine andere Höhle. Sie war weniger dunkel und etwas wärmer als die riesige, die mir wie ein Dom erschienen war.

In dieser kleineren Höhle nun erlebte ich tausendfach das, was die Phantasie eines Dante bei seiner Fahrt in die Hölle auszudenken vermochte. Weshalb hatte man mich nur dorthin gebracht?

Hier waren keine riesigen Fledermäuse mehr, die auf mich herniederstießen, aber Menschen, genauer gesagt Wesen, die einst Menschen gewesen waren, schlängelten sich an mich heran. Ich versuchte, mit den Händen nach ihnen zu greifen, aber selbst die Hände versagten ja den Dienst. Sie kamen ganz nah und leuchteten durch die Finsternis. Sie hatten durchsichtige Körper. Ihre Hände waren knochig – als ob von ihnen das Fleisch und die Haut schon gewichen wäre –, aber die Körper waren noch fest ... jedenfalls hatten sie Umrisse. Man konnte nur durch sie hindurchschauen.

Sie kamen und griffen nach mir und streichelten mich. Mir graute unter der Berührung mit den eiskalten Händen.

Gestalten, die vielleicht einst im Leben Frauen waren, beugten sich über mich und küßten mich auf die Augen. Ich lag in ohnmächtiger Angst und konnte nichts tun gegen diese Gespenster aus der Höhle der Toten.

Jedesmal, wenn der Spuk verklang, wenn es ruhiger um mich her wurde, immer auch dann, wenn die Mönche erschienen und im Nu um sie her ein großer ruhiger Kreis zu entstehen schien, in dem keines dieser Gespenster Macht hatte, bemühte ich mich, meine Gedanken zu sammeln. Ich versuchte vernünftig zu bleiben, mit Vernunft alles zu registrieren und mir klar darüber zu werden, daß ich gewiß in Fieberträumen liege – verursacht durch jenen Sturz in den Bergen, denn die Erinnerung daran war wieder zurückgekehrt.

Vielleicht hätte dieses Kreisen der Geister und der Gespenster von Toten um mich mir über kurz oder lang den Verstand geraubt. Da kamt ihr mich holen!

Ich weiß nicht, ob ihr es gehört habt: als ihr mich aus der Höhle trugt, vernahm ich mit den Ohren, die sich auf die Geräusche dieser unheimlichen Welt eingestellt hatten, das Kreischen und das höhnische Kichern der Geister, denen es wohl nicht behagte, ihr Spielzeug, dieses wehrlose lebende Spielzeug, zu verlieren...«

Die Obduktion, die man von Sven Steffenson vornahm, ergab, daß er einen doppelten Schädelbruch bei jenem Sturz erlitten hatte. Einen doppelten Schädelbruch und eben jenen zweifachen Bruch der Wirbelsäule, den sonst ein Mensch nur um Stunden überlebt. Aber die Tibetaner sollen sich auf die Behandlung von derartigen Verletzungen ausgezeichnet verstehen. Nur werden sie ihre besten Künste nicht an einem Weißen angewandt haben, dessen Ziele und Absichten sie nicht durchschauen konnten, aber sie ließen ihn immerhin nicht sterben.

Für ihn nahmen sie nicht das Erdpech, das man aus den tiefsten Schluchten und Höhlen des Himalaya birgt, ein Erdpech, das mit radioaktiven Wirkstoffen durchsetzt sein soll und imstande ist, Brüche in kürzester Zeit zu heilen.

Ein doppelter Schädelbruch und zwei Brüche im Rückgrat, völlige Bewegungslosigkeit, wahrscheinlich höchste Fiebergrade – all diese Dinge reichten, so sagte das englische Gutachten zum Fall Sven Steffenson aus, um im Hirn dieses Sonderlings, der sich schon früher mit tibetanischen Geheimwissenschaften abgegeben hatte, Halluzinationen auszulösen.

Es ist ohne weiteres möglich, daß im Kopf eines Menschen, der derartige Verletzungen erlitt und Schocks erlebte, Gesichtstäuschungen eintreten, die durch die Störung in der Netzhaut oder aber im Sehzentrum verursacht werden. Diese Störungen können z. B. darin bestehen, daß aufgenommene Bilder sich ungeheuer vergrößern, ausweiten. Fledermäuse, die in Höhlen immer flattern können, werden zu Giganten. Lichtfunken, die aus einer gereizten Netzhaut heraus entstehen und zu deren Auftreten nicht einmal Glühkäfer erforderlich sind, leuchten im Sehzentrum eines solchen Menschen wie Glühlampen grell auf.

Die Gestalten mit den Masken und den Feuerbränden erinnern in jeder Phase an die Teufelstänzer, die zwischen Ceylon und der Mongolei bei schweren Krankheiten eingesetzt werden, um durch den Schock eine Umstellung im Organismus des Kranken hervorzurufen. Warum sollten die Tibetaner, die an der Erhaltung des Lebens in diesem weißen Mann interessiert waren, nicht die Teufelstänzer aufmarschieren lassen, die sie auch sonst aufbieten, wenn Götter und Teufel miteinander mobilisiert werden sollen, um einen Menschen, der zwischen Leben und Tod schwebt, für dieses Leben noch einmal zu retten?

Die Halluzinationen in der Geisterhöhle dürften sich – so fährt das englische Gutachten fort – aus gewissen Lichteffekten erklären, aus Nebelschwaden, die durch die stark veränderlichen Temperaturen und Feuchtigkeitsverhältnisse in jenen Höhlen herrschen können. Wenn ein Todkranker, durch das lange Alleinsein und die Ungewißheit des bevorstehenden Schicksals gepeinigt und gereizt, Nebelschwaden an sich vorüberziehen sieht, liegt es nahe, daß in seinem Hirn diese Nebel Gestalten annehmen, Gestalten, die den Vorstellungen entsprechen, die jenes Gehirn mit seiner mystischen Veranlagung bereithielt.

Das ist die nüchterne Auslegung der Erlebnisse dieses seltsamen Wanderers in Tibet, der für eine kurze Zeit dem Tod entrissen wurde.

Wenn man jedoch die tibetanischen Mönche nach ihrer Ansicht über das Sterben und das Weiterleben nach dem Tode fragen würde, dürften ihre Auffassungen im Fall Sven Steffenson und ihre Einstellung zu den Berichten klinisch Toter die uralten Klostertraditionen widerspiegeln.

Das »Tibetanische Totenbuch« gibt umfassenden Aufschluß über die Postmortem-Erfahrungen während des Bardozustandes. Bei diesem Existenzzustand nimmt man symbolisch 49 Tage bis zur Wiedergeburt an. Dementsprechend teilt man die Anweisungen, die man dem Verstorbenen in keineswegs befehlsmäßiger, sondern sehr höflicher Form für seinen Jenseitsaufenthalt gibt, in drei Textabschnitte ein.

Der erste Teil schildert die Erfahrungen, die Ereignisse, das seelische Verhalten im Augenblick des Todes. Dann folgt nach dem definitiven Tod ein Traumzustand mit Illusionen, die, je mehr sie sich der Wiedergeburt nähern, trüber und grauenvoller werden.

Im Gegensatz zu den Auffassungen der alten Ägypter, bei denen, wie aus dem Totenbuch deutlich hervorgeht, der Verstorbene erst am Ende seiner Reise durch die Unterwelt und die himmlischen Sphären den Gott des Lichtes und der Wahrheit erblickt, ist für den sterbenden Buddhisten der Übergang ins Jenseits der Zustand »vollkommener Erleuchtung«. Mit den Lippen an seinem Ohr spricht der Lama oder ein Glaubensbruder unaufhörlich Gebete, damit der Todgeweihte seine Gedanken nicht abschweifen läßt, sondern sich völlig auf das ihm bevorstehende große Erlebnis konzentriert. Beim letzten Atemzug setzt der Vorbeter sofort ein:

»O Edelgeborener, höre zu. Jetzt erfährst du die Strahlung des Klaren Lichtes Reiner Wirklichkeit. Erkenne sie. O Edelgeborener, dein jetziger Geist (Anm.: die Fähigkeit zu wissen oder zu erkennen), seiner wirklichen Natur nach leer, nicht zu irgend etwas wie Merkmalen oder Farbe geformt, natürlicherweise leer, ist die wahre Wirklichkeit, die allgute Mutter.

Dein eigener Geist, der jetzt Leere ist, jedoch nicht als die Leere des Nichts zu betrachten ist, sondern als reiner Geist, unbehindert, leuchtend, erregend und glückselig, ist das wahre Bewußtsein, der allgute Buddha (Vater).«

Nach den Lehren des Buddhismus ist dieses Bewußtsein leuchtend, leer und untrennbar von dem großen Strahlungskörper. Es ist das Urlicht, das

Unveränderliche Licht und hat weder Geburt noch Tod. Diese Erkenntnis läßt den Dahingeschiedenen im Zustand des göttlichen Geistes verharren. Auf die Zeit kommt es dabei nicht entscheidend an, die Dauer dieser Bewußtseinslosigkeit wird von wenigen Minuten bis zu drei oder vier Tagen angenommen. Die Belehrungen, die danach im zweiten und dritten Stadium des Bardo vom Lama gelesen werden, haben nicht nur den Zweck, den Toten auf die Verblendung, die Verstrickung und auf die jeweils vorhandene Erlösungsmöglichkeit aufmerksam zu machen, sondern sie dienen auch zur Erklärung der Illusionen.

Nehmen wir zum Beispiel das Totengericht, das ebenfalls von den Ägyptern und von den Christen als Jüngstes Gericht dargestellt wird. Nach den Vorstellungen der Buddhisten nimmt bei der Vision des Totengerichts die Mitte des Bildes Dharma-Raja, der König der Wahrheit, ein. Mit seinem dritten Auge auf der Stirn ist er umlodert von der Flamme der Wahrheit. Da er gleichzeitig der Todesgott ist, hält er in seiner rechten Hand das Schwert der Geistesmacht und in der Linken den Spiegel des Karma, in dem sich die guten und die bösen Taten des Toten spiegeln. Ein affenköpfiger Gott hält die Waage, dem zwei andere Götter, ein stierköpfiger und ein schlangenköpfiger, zur Seite stehen und das Abwägen mit den schwarzen und weißen Kieselsteinen überwachen. Voraussetzung für das Bestehen der Prüfung, die sich über eine Zeit erstrecken kann, für die es kein irdisches Maß gibt, ist die sittliche Beschaffenheit des Abgeschiedenen.

Während die Vorstellungen anderer Religionen mit der Gerichtshalle abschließen, setzen beim Buddhisten weitere Visionen ein, die sich nach seinen Gedankenformen und Handlungen im Leben richten: einem Jähzornigen erscheint die schrecklich aussehende Gottheit des Zorns, dem Geizigen der grauenvolle Gott des Geizes. So gibt es scharenweise bluttrinkende Gottheiten mit entstellten Gliedern und verzerrten Körpern, die dem Toten Furcht und Schrecken einflößen.

Gleichzeitig mit diesen Visionen vollzieht sich allmählich die Wiederannäherung an eine physische Existenz, die schließlich in der Wiederverkörperung, in der Wiedergeburt besteht.

Alexandra David-Neel, die 1868 verstorbene französische Orientalistin, die ihre Forschungen auf den Buddhismus kozentrierte, hinterließ in ihren Abhandlungen ein interessantes Gespräch, das sie mit einem tibetanischen Groß-Lama führte. Darin heißt es u. a.:

»Kommen nach dem Tode auch die Christen, die doch die Religion Issu (Jesu) befolgen, in das Bardo?«

»Gewiß!«

»Sie glauben aber doch weder an die lamaistischen Götter noch an die Wiedergeburten, noch an irgend etwas, was im ›Bardo Thödol‹ beschrieben wird.«

»Sie werden in das Bardo eingehen; was sie jedoch als Bardo sehen werden, sind Issu, Engel, das Paradies, die Hölle und ähnliches. In ihrem projektierenden ›Geist‹ werden sie all die Dinge, die man sie gelehrt hat, an die sie geglaubt haben, sehen. Sie werden Visionen haben, die sie unter Umständen erschrecken, wie zum Beispiel das Jüngste Gericht, die Qualen der Hölle. Die Bilder der geträumten Reise mit ihren Erlebnissen werden von denen abweichen, die ein Tibeter kennenlernen wird, die Sache per se ist jedoch die gleiche. Die während des individuellen Lebens aufgespeicherten psychomentalen Eindrücke nehmen Gestalt an und bieten sich als beseelte Bilder dar, und so wird der Tibeter, wird der Christ oder jedweder andere Entkörperte geneigt sein, die Ereignisse für real zu halten, die sich in der Form von Gedankenserien abspielen.«

Wie die Erklärung für die Erlebnisse des zurückgekehrten Sven Steffenson auch lauten mag – machen wir einen Sprung über den Stillen Ozean, wo eine bereits beigesetzte Scheintote ebenfalls etwas über ihren vorübergehenden Jenseitsaufenthalt zu berichten weiß.

In den USA starb vor vielen Jahren an einem stürmischen Nachmittag, nachdem ein Orkan über die Gegend hinweggebraust war, Mrs. Anna Lee. Sie krankte seit langer Zeit an einem Leiden, dessen Natur die Ärzte nicht genau feststellen konnten, aber es mußten wohl psychische Störungen gewesen sein, die das Herz sehr schwächten.

Mrs. Anna Lee wurde in der Familiengruft in einem glasbedeckten Sarg beigesetzt. Am zweiten Tag nach der Bestattung hörte der Friedhofswärter, als er an der Grabstätte vorbeiging, eine schwache klägliche Stimme. Der Wärter blieb stehen. Sollte er sich getäuscht haben? Nein, die Stimme rief zum zweitenmal. Entsetzt lief er zum Friedhof hinaus und holte einen Arzt. Denn er wollte nicht allein an den Sarg herangehen, aus dem er die Stimme vernommen hatte.

Als der Arzt zusammen mit dem Wärter den Sarg öffnete, ergab sich, daß Mrs. Anna Lee tatsächlich wieder wach geworden war. Man überführte sie in ein Krankenhaus. Sie konnte fünfzehn Tage später als gesund entlassen werden. Zwei Jahre nach diesem Vorfall schenkte Mrs. Lee einem Kind das Leben. Und doch sagte sie immer wieder, daß sie nur gewissermaßen einen Kredit aus dem Jenseits erhalten habe, noch einmal die Erlaubnis bekam, in die Welt zurückzukehren.

»Wenn andere sagen, daß sie im Jenseits Gestalten erblickten und mit Wesen sprachen, dann müssen sie wohl in einem anderen Jenseits gewesen sein als ich. Ich weiß nur, daß ich in einem großen rotbraunen Gewölbe war. Und ich hatte das Gefühl, als ob dieses Gewölbe, diese Kugel, der Kopf eines Menschen sei – oder das Gehirn. Jedenfalls fühlte ich mich in diesem dunklen Raum geborgen und sehr froh. Doch auf einmal wußte ich – vielleicht, weil dieses gewaltige Gehirn, dieser Kopf etwas gedacht hatte –, daß ich hier nicht bleiben konnte. Durch mich, in mir wollte jemand einen Weg suchen – aus dem Jenseits in die irdische Welt. Deshalb kam ich wohl zurück und schenkte diesem Kind das Leben.

Ich werde nun nicht mehr lange leben. Das Kind wird den Weg gehen, den man ihm aus der anderen Welt vorgezeichnet hat. Ich war nur Mittel zum Zweck!«

Als ein Jahr nach der Geburt des Kindes Mrs. Lee an einem Herzleiden starb, entdeckte man bei der Obduktion, daß die physiologischen Voraussetzungen zur Existenz bei Mrs. Lee eigentlich schon seit vielen Jahren nicht mehr bestanden. Sie war damals zu Recht gestorben. Aber welche geheimnisvollen Einflüsse dafür verantwortlich waren, daß sie dennoch den Tod überwand, der sie schon in Händen hielt, dafür haben selbst die nüchternen Physiologen keine Erklärung gewußt. Es sei denn, man nimmt an, daß in dieser Frau mit dem kranken Körper ein unbändiger Lebenswille wohnte und sie diesen Lebenswillen einsetzte im Ringen gegen den körperlichen Verfall. Erst als ihr Lebenswille in einer Wiedergeburt, in einem Kind, Ausdruck gewonnen hatte, hielt sie ihren Weg auf Erden für vollendet und starb zum zweitenmal – diesmal endgültig.

Wie weit diese schwerkranke Frau bei ihrem ersten Tod sich der Schwelle zwischen Jenseits und Diesseits näherte, vermag man aus der Darstellung, die sie selbst gibt, kaum zu entnehmen. Die Ausweitung des eignen Hirns zu einem Dom, zu einer Kuppel erlebt man oft in den Offenbarungen von Menschen, die Rauschgifte zur Belebung des Gehirns nehmen, Gifte, die auch in den Medikamenten enthalten gewesen sein können, die man Mrs. Lee gab.

So konnten sich in ihrem Hirn Vorstellungen entwickeln, die alle normalen Grenzen des Denkens und des Fühlens sprengten – auf der Suche nach der Erfüllung eines Lebens, das zu früh zu Ende gegangen war.

»Hast du einer Welt Besitz verloren, sei nicht voll Schmerz darüber, es ist nichts.
Und hast du einer Welt Besitz genommen, sei nicht erfreut darüber, es ist nichts.
Vorüber gehn die Schmerzen und die Wonnen, geh an der Welt
vorüber, es ist nichts.«

Awari Soheili
ein älterer persischer Dichter (zitiert von Schopenhauer)

15

Exkursionen in verschiedene Sphären

Helen Aintree berichtet von seltsamen Reisen
»Dort ist die vollkommene Harmonie der Natur!«
Bestandsaufnahme des Lebens

Sie sagen, sie seien zurückgekehrt – aus dem Jenseits, aus dem Paradies,
aus einer anderen Welt. Wie auch immer sie es nannten, der Tod hatte
sie über die Schwelle in sein Reich geholt.
Aber es gibt Menschen unter uns, die befähigt sind, gewissermaßen Ausflüge nach »drüben« zu unternehmen, und die nach Beendigung ihrer
seltsamen Reisen berichten, was sie gesehen und erlebt haben.
Mit dieser ungewöhnlichen Gabe hat die Natur auch Helen Aintree aus-
gestattet. Mrs. Aintree lebt in Southsea, England, ist gesund und im vol-
len Besitz ihrer geistigen Kräfte. Sie gilt nicht als eines jener vieler Medien, die sich als Brücke zwischen der irdischen und überirdischen Welt
betrachten und bei denen während der Trance die Seele eines Toten Besitz
von dem Körper ergreift und so durch das Medium zu den Lebenden
spricht.
Für diese zierliche, lebhafte Frau von 48 Jahren ist eine Reise in das Land
der Toten nicht so weit wie der Weg von einer irdischen Hauptstadt zur
anderen.
Viele Freunde und Fremde kommen zu ihr, damit ihnen von den verstorbenen Angehörigen ein Zeichen gegeben wird.
Reverend Andrew Woolcott ist ein langjähriger Freund und erklärt zu ihren Schilderungen, die übrigens in anderen Worten auch in der Bibel enthalten sind:
»Ich bin überzeugt, daß Helen Reisen ins Jenseits unternehmen kann und
auch unternimmt. Was sie beschreibt, stimmt überein mit den Berichten,
die uns von vielen namhaften psychischen Forschern vorliegen.«

Diejenigen, die davon überzeugt sind, daß nach dem Tode nicht einfach alles zu Ende ist, stellen natürlich die Frage: »Wie sieht das Land aus, in das ich gehen muß, wenn mein Herz zu schlagen aufgehört hat?«

Helen Aintree gibt darauf die Antwort: »Es ist ein Ort der Ruhe und des Friedens, an dem irdische Sorgen und Kämpfe, irdisches Leid und Elend keine Bedeutung haben. Es ist ein Land lieblicher Hügel und Täler, herrlicher goldener Städte und lächelnder Gesichter.

Das Licht dort ist nicht das grelle Licht der Sonne, wie wir es kennen. Vielmehr scheint es von überall her zu kommen. Es ist eher eine Art Glühen und Leuchten, das von allem und jedermann dort ausgeht.

Die Atmosphäre ist von seltsamen Klängen erfüllt – von einer Musik, wie sie nie von einem Menschen komponiert wurde. Es ist die Musik der Natur, die in einer für alle verständlichen Stimme spricht.

Wir haben schon von der grundlegenden ›Harmonie der Natur‹ gehört. Nun, dort kann man sie tatsächlich bemerken – als eine herrliche Musik. Lachen und Wärme strahlen dort überall aus. Es gibt keinen Neid und keinen Existenzkampf, denn alle haben schon gefunden, was sie erstrebten. Man kennt dort keine Zeit nach unseren Begriffen, nur den immerwährenden und ewigen Beweis von der Macht der Liebe.«

Weshalb Helen Aintree nicht zu sterben braucht, um dieses Land zu erreichen, erklärt sie nach ihrer Auffassung:

»Ein wesentlicher Teil der menschlichen Substanz ist unvergänglich. Wir nennen es Seele. Der Tod trennt die unsterbliche Seele vom Körper, um sie in höhere Sphären zu tragen, wohin sie eigentlich gehört.

Wenn es nun diese höheren Sphären wirklich gibt, dann wüßte ich nicht, weshalb man nur durch den Tod dorthin gelangen könnte. Man muß nur die gewaltige Kraft der Sehnsucht und die Intensität der Gedanken wirken lassen. Die Macht des Geistes ist unvorstellbar groß.

In jener Welt des Friedens, die für uns alle bereit ist, haben wir die Möglichkeit, uns eine Stätte zu schaffen, die bis zu einem bestimmten Grad von unseren eigenen Wünschen gestaltet wird. Wir erhalten dort Anleitung und Hilfe, um jene geistigen Ziele zu erreichen, nach denen wir uns sehnen. Ein Komponist mag dann eine Musik zustande bringen, wie es ihm nie auf Erden möglich war. Der Maler wird in einer Weise malen können, die er nie zuvor erreichte.

Mit der Zeit werden sich alle Seelen weiter vervollkommnen. Sie vermögen jene Wahrheiten zu erkennen, die sie auf einer niedrigeren Bewußtseinsebene nicht begreifen konnten.

Ein Mensch, dessen Leben nicht nur auf seine egoistischen Ziele, sondern auch auf das Wohl seiner Mitmenschen ausgerichtet war, wird drüben eine bessere Ausgangsposition auf dem Weg zur Vervollkommnung haben als ein Mensch, der ausschließlich danach trachtete, andere zu belügen oder zu betrügen oder gar zu vernichten.

Genau wie die Erde ist auch die überirdische Welt so, wie wir sie selbst gestalten. Allerdings gibt es keine negativen Einflüsse, sondern man kann ganz sicher mit Ermutigung, Inspiration und Weisheit rechnen. Mit anderen Worten: Es gibt nichts zu verlieren, sondern nur zu gewinnen.«

Helen Aintree empfängt tagtäglich eine Anzahl von Besuchern, die aus verschiedenen Motiven kommen. Die meisten wollen unbedingt wissen, wo und wie sich diejenigen befinden, die für sie nicht einfach mit dem Tod aus der Welt geschafft sein sollen. Andere bitten um Übermittlung von Botschaften von hüben und drüben. Und dann gibt es wiederum eine Reihe – angefangen bei einfachen Menschen bis zu namhaften Wissenschaftlern –, die sich eingehend darüber informieren wollen, nach welcher Methode diese interesannte Frau ihre Exkursionen ins Jenseits unternimmt. Sie gibt eine Beschreibung, die in ihrer Zusammenfassung etwa so lautet:

»Zunächst begebe ich mich in einen sehr ruhigen Raum. Durch die geschlossenen Fenstervorhänge dringt nur das sanfte Licht der Dämmerung. Ich setze mich mit gestreckter Wirbelsäule in einen bequemen Sessel, um mich auf diese Weise völlig zu entspannen. Ich muß mich in eine Art Trance versetzen, um die festen Bande zwischen dem irdischen und dem überirdischen Leib zu lockern und zu lösen. Mit einem gewissen Atemrhythmus – tief einatmen und die Luft durch den Mund wieder ausstoßen – rege ich meine geistigen Kräfte an und konzentriere mich mit aller Energie auf das einzige Ziel – auf die Reise in das Jenseits. Es dauert nur eine kurze Zeit, bis ich ohne jegliches Gefühl der Furcht spüre, wie sich mein Astralleib von mir trennt und sich auf den Weg begibt.

Ich sehe dann meinen Körper unter mir immer kleiner werden, als würde ich emporgehoben in einen Schacht, der von hellem Licht erfüllt ist. Nach meinen bisherigen Erfahrungen ist es das beste, die Augen nach oben zu richten, da sonst der Blick auf furchtbare Szenen fällt, die sich zu allen Seiten abspielen. Je weiter ich emporsteige, um so mehr verlieren die Gestalten und Bilder an Grausamkeit, bis sie schließlich ganz friedlich werden. In dieser Sphäre bin ich an meinem Ziel angelangt.«

Nach dieser Schilderung sollten die Erfahrungen des Amerikaners Edgar Cayce, der als begabtester Hellseher und Wunderheiler unseres Jahrhunderts gilt, nicht unerwähnt bleiben:

»Ich sehe mich als winzigen Punkt, der sich von meinem irdischen Leib gelöst hat, und ich erblicke diesen Körper regungslos vor mir liegen. Irgendwie wird mir klar, daß mich eine bedrückende Finsternis umfängt, und ich habe das Gefühl einer schrecklichen Einsamkeit. Plötzlich empfinde ich einen Strahl weißen Lichtes. Als kleiner Punkt, der ich nun bin, strebe ich aufwärts, dem Ursprung des Leuchtens, der Quelle des Lichtes entgegen, und ich weiß, daß ich sie erreichen muß oder verloren sein werde.

Während ich auf dem Lichtpfad emporsteige, werde ich mir immer mehr bewußt, daß ich an verschiedenen Ebenen vorbeikomme, auf denen etwas sich regt. Auf der untersten Ebene erblicke ich undeutliche, aber schreckliche Gestalten, groteske Formen, wie man sie in Alpträumen sieht. Dann beginnen zu beiden Seiten Mißgestalten zu erscheinen, an denen Teile des menschlichen Körpers unverhältsnismäßig groß sind.«

Weiterhin beschreibt Cayce dann den Wechsel der Szenen und Stimmungen, bis er schließlich sein Ziel erreicht. Dort kann er sich mit anderen in Verbindung setzen. Es sind diejenigen Wesen, mit denen er sich geistig verwandt fühlt.

Einen ihrer letzten Ausflüge ins Jenseits beschreibt Helen Aintree:

»Mrs. Beale, die kürzlich Witwe geworden war, wollte von mir erfahren, wo sich ihr verstorbener Ehemann befinde und ob er glücklich sei. Nebenbei erwähnte sie, daß sie nach seinem Tode vergeblich die Police einer Lebensversicherung suchte, die er vor vielen Jahren abgeschlossen hatte.

Ich empfand Mitleid mit dieser traurigen, alternden Frau und versprach meine Hilfe. Andererseits machte ich ihr klar, daß es sich lediglich um einen Versuch handelte, für dessen Gelingen es keine Garantie gebe. Nach meinen Erkenntnissen kann eine bestimmte Person drüben nur gefunden werden, wenn sie die höchste Ebene ihrer überirdischen Reise erreicht hat. Oft befindet sie sich auf einer anderen Ebene oder in einer anderen Sphäre, und es würde Jahre um Jahre erfordern, um sich mit ihr in Verbindung zu setzen.

Jene, die ein friedliches Leben geführt haben und Wertvorstellungen besaßen, die nicht nur auf Geld und Erfolg ausgerichtet waren, kann man auf einer Ebene finden, die man schon als Hafen des Friedens bezeichnen kann, wo sie von anderen Seelen Ratschläge zur Vorbereitung für einen weiteren Aufstieg erhalten.

Allerdings ist es für diese Wesen sehr schwer, sich an Einzelheiten ihres irdischen Lebens zu erinnern. Das gilt auch für Dinge, die ihren Hinterbliebenen als sehr wichtig erscheinen mögen. Für diese Seelen zählt nicht mehr ein Lottogewinn oder eine Versicherungsprämie. In ihrer Erinnerung scheinen nur noch Zeiten des Glücks, wie etwa die Hochzeitsreise oder das Wiedersehen mit lieben Freunden, so wie Augenblicke der Verzweiflung wach zu sein – so als ob diese Erlebnisse ein Teil ihres Selbst geworden seien.

Im Fall der Mrs. Beale, die eine Auskunft über den Verbleib des besagten Dokumentes erhalten wollte, hatte ich Glück. Sidney Beale hatte bereits versucht, mit seiner Frau in Verbindung zu treten, um ihr zu sagen, wo sich die Police befand. Es mußte wohl so sein, daß er die Wichtigkeit noch in Erinnerung hatte.

Ich fand Mr. Beale sehr schnell, denn sein Wunsch, mit seiner Frau den Kontakt aufzunehmen, war so stark wie meine Absicht, ihn zu finden. Er sagte mir, daß die Dokumente auf dem Boden eines alten Schrankes im Gartenschuppen lägen und ich diese Information weitergeben möchte. Am nächsten Tag empfing Mrs. Beale in Brighton diese Botschaft von mir.«

Es stimmte alles. Mrs. Beale fand die Police an dem von Helen Aintree genannten Platz.

»Es ist einfach unglaublich«, äußerte sich die 54jährige Witwe zu diesem merkwürdigen Vorfall. »Niemand wußte, wo sich das Dokument befand, also konnte Mrs. Aintree das auch nicht durch Telepathie erfahren haben. Sidney war der einzige, der das Versteck kannte.«

Mrs. Helen Aintree ist nie überrascht, wenn sich Botschaften dieser und ähnlicher Art als richtig erweisen. Sie ist auch davon überzeugt, daß sie nicht die einzige ist, die diese Fähigkeit besitzt, in das Reich der Toten zu reisen.

In seinem Buch »Bericht vom Leben nach dem Tode« schildert Arthur Ford* ein eigenes Erlebnis mit allen Vorbehalten:

»...wenige Augenblicke später schwebte ich über meinem Bett. Ich konnte meinen Körper liegen sehen, aber er interessierte mich so wenig wie irgendein anderer Gegenstand im Zimmer. Ich empfand nichts als Frieden, ein Gefühl, daß nun alles gut sei. Dann fiel ich in eine zeitlose Leere. Als ich mein Bewußtsein wiedererlangt hatte, schwebte ich durch den Raum, schwerelos und körperlos. Und doch war ich ›ich selbst‹ und befand mich in einem grünen, rings von Bergen umgebenen Tal, das in Licht und Farben von unbeschreiblicher Leuchtkraft getaucht war. Von überall her kamen Leute auf mich zu, Menschen, die ich gekannt und totgeglaubt hatte. An viele hatte ich seit Jahren nicht mehr gedacht, aber jeder, den ich einmal gern gehabt hatte, schien zu meiner Begrüßung gekommen zu sein. Alle waren mehr durch Persönlichkeitsmerkmale als durch ihr Äußeres wiederzuerkennen. Ihr Alter hatte sich verändert. Einige, die als ältere Menschen gestorben waren, erschienen jetzt jung, andere, die als Kinder dahingeschieden waren, begrüßten mich als Erwachsene.

Ich war schon oft in fremde Länder gereist und dort von Freunden in Empfang genommen worden, die es sich nicht nehmen ließen, mir die Sehenswürdigkeiten ihrer Heimat zu zeigen. Genauso war es jetzt. Doch nie zuvor war mir ein so überaus herzlicher Empfang bereitet worden. Alles, was mich, ihrer Meinung nach, interessieren konnte, wurde mir gezeigt, und meine Erinnerung an all das ist mir so deutlich geblieben wie meine Erinnerung an die schönsten irdischen Gegenden, die ich gesehen habe: die Schönheit eines Sonnenaufgangs, von einem Gipfel der Schweizer Al-

---

* Arthur Ford: »Bericht vom Leben nach dem Tode«. Seite 214–218. Scherz Verlag

pen betrachtet, die Blaue Grotte von Capri, die Heiligtümer Indiens, sind meinem Gedächtnis nicht stärker eingeprägt worden, als die spirituelle Welt, in der ich, wie ich wußte, nun weilte.

Etwas hat mich überrascht: Einige Leute, die ich zu sehen erwartet hätte, waren nicht da. Ich fragte nach ihnen. Doch im gleichen Augenblick schien sich ein dünner durchsichtiger Film über meine Augen zu legen. Das Licht wurde schwächer, und die Farben verloren an Leuchtkraft. Diejenigen, mit denen ich gerade gesprochen hatte, konnte ich nicht mehr erkennen, aber wie durch einen Nebel sah ich jetzt die anderen, nach denen ich gefragt hatte. Auch sie waren wirklich, doch als ich sie erblickte, spürte ich, wie mein Körper schwerer wurde; irdische Gedanken gingen mir durch den Sinn. Mir war klar, daß ich eine niedrigere Sphäre vor mir sah. Ich rief die Freunde beim Namen; sie schienen mich auch zu hören, aber ich konnte nicht verstehen, was sie antworteten. Dann war alles vorbei. Ein sanftes Geschöpf, das wie ein Symbol ewiger Jugend aussah, aber Kraft und Intelligenz ausstrahlte, stand neben mir. ›Mach dir keine Sorgen um sie‹, sagte es. ›Sie können hierherkommen, wann immer sie wollen, sofern sie es mehr als alles andere wünschen.‹

Übrigens herrschte um mich herum große Geschäftigkeit. Alle waren unaufhörlich mit geheimnisvollen Besorgungen unterwegs und schienen sehr glücklich zu sein. Einige, mit denen ich früher durch enge Bande verbunden gewesen war, zeigten sich hier nicht sonderlich an mir interessiert. Dafür wurden andere, die ich nur flüchtig gekannt hatte, jetzt meine Gefährten. Ich erfuhr, daß dies richtig und natürlich sei, denn hier bestimme das Gesetz der Geistesverwandtschaft unsere Beziehungen.

Irgendwann – ich hatte kein Zeitgefühl mehr – fand ich mich vor einem blendendweißen Gebäude stehen. Als ich eingetreten war, bedeutete man mir, in dem riesigen Vorraum zu warten, bis über meinen Fall entschieden worden sei. Durch große Türen konnte ich lange Tische sehen, an denen Leute saßen und sprachen – sie sprachen über mich. Schuldbewußt begann ich mit einer Bestandsaufnahme meines Lebens. Sie ergab kein sehr erfreuliches Bild. Die Leute an den Tischen waren mit der gleichen Bilanz beschäftigt, aber das, was mir Kummer machte, schien für sie weniger gravierend zu sein. Die herkömmlichen Sünden, vor denen man mich als Kind gewarnt hatte, wurden kaum beachtet. Aber es gab ernste Besorgnisse wegen solcher ›Delikte‹ wie Selbstsucht, Egoismus, Dummheit. Wiederholt fiel das Wort ›Verschwendung‹ – nicht im Sinne von Ausschweifung und Liederlichkeit, sondern als Vergeudung von Energien, Talenten und Gelegenheiten. Auf der anderen Seite wurden lobend einige geringfügige Dinge erwähnt, die wir alle von Zeit zu Zeit tun, ohne ihnen irgendwelche Bedeutung beizumessen. Die ›Richter‹ versuchten, die Grundzüge meines Lebens herauszufinden. Sie erwähnten, daß ich versäumt hatte, das zu erfüllen, ›wovon er wußte, daß der es fertigzustellen haben würde‹. Es schien, daß mir eine Aufgabe zugedacht gewesen war, die ich nicht erfüllt hatte. Es hatte einen Plan für mein Leben gegeben, den ich nicht begriffen hatte. ›Sie schicken mich wieder zurück‹, dachte ich voller Bedauern. Nie habe ich herausfinden können, wer diese Leute waren. Als man mir sagte, daß ich in meinen Körper zurückkehren müsse... Ich stand vor einer Tür. Ich wußte, wenn ich hindurchginge, würde ich wieder dort sein, wo ich hergekommen war. Ich beschloß, mich nicht von der Stelle zu bewegen. Wie ein bockiges Kind stemmte ich meine Füße gegen den Türrahmen und schlug wild um mich. Plötzlich fühlte ich, wie ich durch leeren Raum stürzte. Ich öffnete die Augen und blickte in das Gesicht einer Krankenschwester. Ich hatte mehr als zwei Wochen im Koma gelegen.«

Menschen, die über das eigene Ich, über das eigene Innere ins Jenseits gelangen, findet man häufig in Indien. Vor mehreren Jahren machte der 40jährige Yogi Swami Rama ein Experiment, das nicht nur in seinem Land großes Aufsehen erregte. Der aus der Nähe der tibetanischen Grenze, aus Badrimath, stammende Yogi hatte in einer Yogaschule die Geheimnisse des lebendigen Begrabenwerdens gelernt. Zu Beginn des Experimentes, das über den Weg der eigenen Seele den Zugang zum Jenseits eröffnen sollte, versetzte sich der Yogi in einen künstlichen Starrkrampf. Dieser Starrkrampf soll geeignet sein, den Energieverbrauch in einem Organismus so weit herabzusetzen, daß der Mensch längere Zeit ohne die Zufuhr von Wasser und Nahrung auskommen kann. Nur für gewisse Luftzufuhr wird in diesen künstlichen Gräbern gesorgt. Derartige Versuche sind schon bis auf 21 Tage Dauer ausgedehnt worden. Der Yogi Swami Rama brach das Experiment ab, als er von selbst aus der Starre erwachte und das Erlebte noch genau in Erinnerung hatte.

»Ich hatte den Auftrag, im Jenseits die Möglichkeit für einen Weltfrieden zu erforschen«, erklärte der Yogi. »Ich ermittelte, daß die Chancen für einen solchen Frieden gut sind. Obgleich uns noch sehr kritische und gefährliche Tage, Wochen und Monate bevorstehen, wird es nicht zu einem dritten Weltkrieg kommen.

Es kann nicht damit gerechnet werden, daß die großen Männer unserer Zeit sich von einem Tag zum anderen wandeln. Ein Tiger wird nicht über Nacht zum Lamm. Alles braucht seine Zeit. Aber mit genügend Geduld und Überzeugungskraft kann man sogar das Herz eines bösen Geistes und eines Tigers ändern.«

Swami Rama schwieg sich darüber aus, auf welche Weise er im Jenseits zu diesen Auskünften gekommen war. Aber es sind trostreiche Worte. Und sie kommen von einem Menschen, der neun Tage in zwei Meter Tiefe unter der Erde ohne Nahrung und Wasser freiwillig verbracht und tief in sich hineingeschaut hatte, um von sich zu behaupten: »Ich stand über Zeit und Raum!«

»Wir Toten, wir Toten sind größere Heere
Als ihr auf der Erde, als ihr auf dem Meere!
Wir pflügten das Feld mit geduldigen Taten,
Ihr schwinget die Sicheln und schneidet die Saaten,
Und was wir vollendet und was wir begonnen,
Das füllt noch dort oben die rauschenden Bronnen,
Und all unser Lieben und Hassen und Hadern,
Das klopft noch dort oben in sterblichen Adern,
Und was wir an gültigen Sätzen gefunden,
Dran bleibt aller irdische Wandel gebunden,
Und unsere Töne, Gebilde, Gedichte
Erkämpfen den Lorbeer im strahlenden Lichte,
Wir suchen noch immer die menschlichen Ziele –
Drum ehret und opfert! Denn unser sind viele.«

Conrad Ferdinand Meyer (1825–1898)

16

Der ewig Lebende-Tote

Fehlschlag für Jean Laborde
Prof. Robert White und seine Kopftransplantationen
»Ein notwendiges Training für die Eingriffe am Menschen«

Kurz vor dem Zweiten Weltkrieg hörte man aus verschiedenen Teilen der Erde von furchtbaren Experimenten, bei denen man Tierkörper am Leben erhielt, denen man den Kopf nahm, und andererseits Köpfe zu langem Leben verurteilte. Aber die Andeutungen und Nachrichtenfetzen, die aus der Stille der Laboratorien drangen, genügten nicht, um die Welt zum Aufhorchen zu bringen.

Unterdessen schufen geschickte Hände verwegener Chirurgen und raffinierte Gehirne kluger Techniker die Geräte, um kopflose Körper leben und rumpflose Köpfe atmen zu lassen. Sauerstoffgesättigtes Blut wurde in Gehirne durch künstliche Herzen hineingepumpt. Man sah Tiere, die rochen und schmeckten, die Augen bewegten und atmeten, Köpfe, deren Hirn arbeitete – und alles ohne Rumpf und ohne Herz. Und im Rumpf, in dem man ein Röhrensystem aufbaute, schlug das Herz weiter, weil man es verstanden hatte, die Regulierung, die vom Gehirn automatisch hätte ausgehen müssen, durch einen Motor zu ersetzen.

Wer vermöchte heute zu sagen, ob der erste derartige Versuch, der in Europa bekannt wurde, auch dann fehlgeschlagen wäre, wenn der französische Arzt Jean Laborde über die heutigen Erkenntnisse und technischen Hilfsmittel verfügt hätte.

Damals hatte der Pariser Chirurg den Kopf eines hingerichteten Mörders an den Blutkreislauf eines Hundes angeschlossen. Aber allein die Beobachtung, daß noch eine Spur von Leben in dem abgeschnittenen Kopf war, brachte nicht den Erfolg, den sich Laborde von seinem kühnen Unternehmen versprochen hatte. Allerdings lieferte es nicht nur den Hintergrund für Gruselgeschichten und später für Horrorfilme, sondern bedeutete auch gewissermaßen Ansporn für mehr oder weniger geniale Experimentatoren, die in abgelegenen Gegenden und in unterirdischen Gewölben ihre Laboratorien für solche grauenvollen Versuche eingerichtet hatten. Doch nach wie vor wurde die Kunde von unheimlichen Operationen, von der Erzeugung von Wesen mit Automatengehirnen, die aus einer Entfernung von hundert Metern mit elektrischen Impulsen beschickt wurden, in die Kategorie der Phantasiegebilde eingestuft.

Und heute – fast ein Jahrhundert nach dem mißglückten Versuch des Franzosen Jean Laborde – bekommen plötzlich diese Geschichten einen festen Grund und Boden: Der amerikanische Professor Robert White tritt mit der medizinischen Sensation vor die Weltöffentlichkeit, die das Werk des gefeierten Herzverpflanzers Christiaan Barnard aus Kapstadt noch in den Schatten stellt. Mit seiner aufsehenerregenden Kopftransplantation leitete er eine gute Epoche auf dem Gebiet der Gehirnchirurgie ein. Sie beginnt mit dem gelungenen Experiment, bei dem der Kopf eines Rhesusaffen auf einen anderen Körper verpflanzt wurde.

Der Neurochirurg, der mit einem hervorragenden Team im Hirnforschungszentrum der Universität in Cleveland (Ohio) arbeitet, bezeichnet die Serie, die bereits etwa hundert derartige Versuche aufweist, als »notwendiges Training für den Eingriff am Menschen«.

Nach seiner Überzeugung funktionieren diese Tierköpfe ebenso wie jeder andere Kopf, und er glaubt fest daran, daß sein Ziel nicht mehr fernliegt: einem Menschen mit gesundem Körper und hoffnungslos krankem Hirn den völlig intakten Kopf eines nur noch künstlich am Leben erhaltenen ruinierten Körpers, der unrettbar verloren ist, anzunähen.

Prof. Robert White begann seine Forschungen damit, daß er das Gehirn eines narkotisierten Affen freilegte, indem er die Schädeldecke und das Gesicht entfernte. Die Gehirnmasse schloß er an eine Herz-Lungen-Maschine an und stellte mit Spezialmeßgeräten fest, daß die Hirnströme keine Anomalien aufwiesen. Später sezierte er den Kopf dann in der Weise, daß noch ein Auge mit dem Gehirn verbunden blieb. Er erhielt den Beweis, daß die Pupille auf Lichteffekte reagierte, sich also weitete und verengte.

Bei diesen Experimenten mußte jedoch noch ein wichtiger Faktor geklärt werden – die Blutzufuhr zum Gehirn und die Ableitung, die durch vier große Arterien bzw. vier große Venen erfolgen. War es möglich, jeweils zwei dieser Blutgefäße außer Funktion zu setzen, ohne daß die Versorgung des Gehirns gestört wurde? Eine lange Versuchsreihe ergab die vermutete und erhoffte Klarheit: Zwei Arterien und zwei Venen reichten aus, und damit konnte während der Operation kostbare Zeit eingespart werden.

Die eigentliche Kopftransplantation, die etwa acht Stunden dauert, wurde bisher von Prof. White unter der Assistenz von fünf Ärzten an zweijährigen Rhesusaffen vorgenommen. Man schneidet dem betäubten Tier die Haut am Hals in breiten Streifen auf, und das ganze Gewebe wird entfernt, so daß sich um den Halswirbel nur noch die Speiseröhre, die Luftröhre und die Hauptblutbahn befinden. Die Luftröhre wird an das Beatmungsgerät angeschlossen, so daß die Lungen einwandfrei mit Luft versorgt werden. Unter sorgfältigem Aufbrechen der Halswirbel wird das Rückenmark und damit die Vermittlung von Befehlen zwischen Kopf und Körper unterbrochen, das heißt, der dicke Nervenstrang wird durchgeschnitten. Die nicht unbedingt nötigen Adern werden schnell gekappt, so daß kein Blutverlust entsteht.

Nach Herausbrechen der zwei Halswirbelknochen werden die vier Blutgefäße zwischen Kopf und Körper nacheinander mit einem Plastikzwischenstück versehen.

Inzwischen ist ein zweites Äffchen narkotisiert worden, damit auf ähnliche Weise der Kopf vom Körper getrennt werden kann. Der Torso dieses Tieres wird dann mit dem anderen Kopf verbunden, was mit Hilfe der vorher eingesetzten Plastikschläuche nicht als größte Schwierigkeit anzusehen ist. Nicht ganz zwei Stunden vergehen nach der Operation, bis der Kopf auf einem fremden Körper aus der Narkose aufwacht...

Das Äffchen öffnet die Augen, es kann sehen, hören, die Lippen bewegen und kauen. Sein Reaktionsvermögen ist nicht beeinträchtigt. Es kann die Gesichtsteile bewegen, aber nicht den Kopf wenden. Aus der Tatsache, daß der Kopf nur durch die Blutgefäße mit dem Körper verbunden ist und die Nerven als Nachrichtenvermittler abgetrennt wurden, ergibt sich die Bewegungsfähigkeit des Körpers und seiner Glieder.

Nun, die Experimente gehen weiter. Noch stecken sie in jenem Stadium, daß man einen Vergleich ziehen könnte mit einem Menschen, dessen Halswirbel infolge eines Unglücksfalls gebrochen sind und der nunmehr bis zu seinem Lebensende mit völlig gelähmtem Rumpf und Gliedern ans Bett gefesselt ist.

Solche tragischen Schicksale geben dem Gehirnchirurgen White den Mut zur Fortführung seiner Arbeit. Natürlich läßt er die ethischen Probleme keineswegs unbeachtet.

Die Reaktionen der medizinischen Fachwelt sind – ganz abgesehen von den massiven Anfeindungen aus den Kreisen der Tierschutzverbände – bei weitem nicht überwiegend positiv. Das gilt auch für die Philosophen und Theologen. Viele von ihnen betrachten diesen ganzen Komplex als brutalen Eingriff in die Natur, als Anmaßung gegenüber der göttlichen Vorsehung, obwohl sich Professor White als religiöser Katholik bezeichnet.

Ein halbes Jahr vor Veröffentlichung seiner Resultate – im Herbst 1971 – unternahm er eine Reise nach Rom. Der Papst zeigte ein großes Interesse an den Einzelheiten des Unternehmens, und über der Audienz lag eine verständnisvolle, um nicht zu sagen ermutigende Atmosphäre, die einen Widerstand oder Einspruch des Vatikans bei späteren Kopftransplantationen am Menschen nicht erwarten läßt.

Mancher unter uns wendet sich schaudernd ab, wenn er sich in Gedanken mit diesen Darstellungen ganz eingehend befaßt. Und doch ist noch Schrecklicheres geschehen. Ungeheuer, die mit Menschenleben umgingen wie mit irgendeinem toten Stück Holz, Bestien, denen das Experiment höher stand als die Spur eines menschlichen Empfindens, gingen daran, auch an Menschen das zu erproben, was an Tieren unternommen wurde.

Wir wollen, nachdem die furchtbaren Dinge geschehen sind, nicht auf Einzelheiten über das Wo und das Wie eingehen, aber wir müssen von den Resultaten berichten, von dem, was Menschenköpfe empfanden und schilderten – Menschenköpfe, die keinen Rumpf mehr hatten, denen man den Körper geraubt hatte in Vollstreckung irgendeines Wahnsinnsurteils, Köpfe, die man auf ein Röhrenwerk aufmontiert hatte, Köpfe, deren Kreislauf man durch ein Röhrensystem, in dem raffiniert ausgeklügelte Lösungen zirkulierten, in Gang hielt.

»Ich wußte, daß alles vorbei ist. Ich hatte mir gesagt, daß es schnell gehe und nachher...

Ich habe alles gehört, was ihr gesagt habt – wie ihr mich bis zuletzt beschimpftet. Ich habe alles gesehen, als ihr den Kopf hobt. Ich habe alles gefühlt, als noch ein Tropfen von meinem eigenen Blut in mir war. Und dann auf einmal dachte ich wieder – weil anderes Blut in mir umlief.

Ich hatte die entsetzliche Angst, als ich unter das Messer kam, schon hinter mir, als ich den dumpfen schweren Schlag gegen den Hals fühlte und nun glaubte, daß alles vorbei sei. Vor dem Tod fürchtete ich mich nicht, wohl aber vor dem Sterben, vor dem Messer.

Aber ich meinte nur, alles sei vorbei...

Nun bin ich wieder da und habe das Gefühl, zu sein und doch nicht mehr zu sein. Ich weiß, daß es aus ist.

Entsetzlich – entsetzlich...

Ich leide.

Laßt es doch zu Ende gehen. Laßt mich doch sterben...
Ich habe keinen Körper mehr und keine Arme und keine Beine. Aber ich höre, was ihr sagt, und ich höre euch lachen, und ich leide...«
aus einem Bericht, der von einem solchen Experiment angefertigt wurde.

Scharfrichter hatten schon in früherer Zeit in langen Darlegungen erläutert, daß durch die Blutleere, die sich sofort auf die Nervenzentren auswirkt, jedes Gefühl momentan im Kopf und im Körper eines Hingerichteten, eines Enthaupteten, geschwunden sei.

Eine Bewegung des Kopfes nach der Trennung vom Rumpf sei kein Beweis für die Fortdauer seelischen Lebens im Kopf nach der Enthauptung. Auch Ärzte schlossen sich derartigen Gutachten an. Der Fall des schweren Beils, die vorhergehende seelische Aufregung bringe Hemmungen hervor, durch die jede Reflextätigkeit vollkommen unterbrochen werde. Die Reizung des Nervensystems sei so stark, daß von einer normalen Funktion nicht mehr die Rede sein könne. Und außerdem sei eigentlich nur die Haut empfindlich. Der Schmerz, selbst wenn er vorhanden wäre, müßte unbedeutend sein – verglichen mit der an dem Delinquenten vorgenommenen Handlung.

Die geistige Spannung, die das Gehirn vollständig in Anspruch nehme und von körperlichen Empfindungen ablenke, auf der anderen Seite die Lähmung des Empfindungsvermögens – alle diese Dinge trügen dazu bei, nicht nur die Exekution schmerzlos zu machen, sondern jedes Weiterleben zu einer Unmöglichkeit werden zu lassen.

Das waren sorgfältige Überlegungen von Menschen, die sich entweder auf diese Weise von der ewigen Blutschuld, die sie auch als Exekutivorgane auf sich luden, frei machen wollten, oder aber das Gewissen jener zu entlasten versuchten, die dem Tod die Gewalt durch das Wort gaben und immer wieder ihre Zustimmung erteilten.

Die Experimente am Tierkopf, der ohne Rumpf lebte und schmatzte und Durst hatte und auf den Ruf des Herrn hörte und Angstgefühle zeigte, die grauenvollen Versuche mit den Köpfen von Menschen – Experimente, die übrigens vor Jahrtausenden schon in China versucht wurden – dementieren das, was Scharfrichter und Verteidiger des gewaltsamen Todes zu behaupten versuchen.

Ein Physiologe hat vor einiger Zeit in Südeuropa auf einer Zusammenkunft von Fachkollegen ernsthaft die Idee durchgesprochen, auf irgendeine Art und Weise früher oder später Gehirnroboter zu schaffen – Roboter aus Fleisch und Blut –, Hirne, die nicht sterben könnten.

»Menschen verbrauchen sich. Die Organe werden müde und leisten nicht mehr den Dienst, den sie leisten könnten. Menschen mit hohen Qualitäten, mit überragenden geistigen Funktionen sterben an einem geringfügigen körperlichen Schaden – bei vollkommen gesunden Lungen, bei gesundem Gehirn. Es gibt heute Menschen, die ihre Augen einer Augenbank zur Verfügung stellen. Andere, die Universitäten ihr Gehirn vermachen. Weshalb sollen Menschen mit überragenden Gehirnen nicht ihren Kopf mit dem noch leistungsfähigen, lebenden Gehirn der Menschheit verschreiben? Sie können leben, bis der Körper versagt. Im Augenblick des natürlichen Todes aber tritt der Roboterdienst in Funktion und nimmt den Kopf des Verstorbenen – wenige Sekunden nach seinem Ableben – und schaltet jene künstliche Zirkulation ein, die uns in die Lage versetzt, Gehirnfunktionen zu erwirken – ohne menschliches Blut – ohne einen Körper.«

Diese Erwägungen sind erschütternd. Aber der Weg des suchenden Menschen, der mit seinen künstlichen Gehirnen aus Elektronenröhren nicht immer das erreicht, was er anstrebt, tastet auf phantastischen Wegen weiter und immer weiter.

Was jener Physiologe ernsthaft vorschlug, ist natürlich ein Projekt, das auch in technischer Beziehung heute noch keineswegs einwandfrei verwirklicht werden könnte, ganz abgesehen von der Ablehnung, zu der sich vermutlich die ganze Menschheit bekennt, wenn es eines Tages ernsthaft erwogen werden sollte.

Aber die Überlegungen, die der Physiologe anstellte, lassen dem Psychiater, dem Seelenforscher, eine interessante Weiterung. Nicht Einspannung des für die Produktion irgendeines Industriezweiges wichtigen Gehirns in den Dienst der Menschheit, aber Versuche, auf einem ähnlichen Weg, bei dem natürlich die Freiwilligkeit die erste Rolle spielen müßte, sich der Barriere zwischen Sein und Nichtsein zu nähern, um Einblicke in die andere Welt zu gewinnen – das sind die anderen, die interessanten Wege.

Diese Wege sind zum Teil schon heute beschritten und haben im Interesse der Forschung und der Seelenkunde einen tiefen Sinn.

Hochintelligente Menschen, die sich vor ihrem Sterben bereit erklären, nach dem Ableben die noch vorhandenen Funktionen des Gehirns, die zu Volleistungen angeregt werden können, der Seelenforschung zur Verfügung zu stellen, würden das auf eine rationale Basis rücken, was wir hier in mühsamer Zusammenstellung von Material aus aller Welt zu klären versuchten.

Man würde wirklich Hirne schaffen, die man nicht sterben läßt oder die es jenen, die sich mit diesen schwierigen Gebieten befassen, möglich machen, auch bis in die letzten Schatten eines Denkens und Fühlens im Diesseits oder Jenseits hinein dem Menschen oder seiner Seele zu folgen...

Wir haben im Laufe dieser Ausführungen gesehen, daß nach Ansicht der Biologen eigentlich alles in unserem Hirn eine reine Zellfunktion ist. Die Zellen werden ernährt und arbeiten. Sie reagieren und funktionieren, solange diese Ernährung stattfindet.

Wir sahen auch, daß Rümpfe ohne Kopf funktionieren und Köpfe nicht unbedingt zur Fortsetzung ihrer Denktätigkeit eines Rumpfes bedürfen. Zwerchfell und Solarplexus bilden Nebengehirne, die unter Umständen imstande sind, unter künstlicher Direktive eines Motors lebensähnliche Funktionen zu bewahren.

Künstliche Herzen, künstlich ernährte Köpfe – das sind die Wege zum Gehirnroboter, von dem wir schaudernd hörten. Das sind die Möglichkeiten, Hirne zu schaffen, die nicht sterben können.

Wir wollten von Menschen sprechen, die aus dem Jenseits zurückkehrten und von der anderen Seite berichteten. Aber wir kamen um die physiologischen Seiten nicht herum, weil man sonst die Auferstehung von Toten, die Existenz von Wesen mit künstlichen Herzen nicht begriffen hätte.

Prüfen wir noch einmal, was an jenen Berichten aus einem echten oder vermeintlichen Jenseits wirklich sein kann. Eins sprang uns schon bei der Zusammenstellung mehrfach ins Auge: Jeder Mensch glaubte, etwas anderes erlebt zu haben, berichtete etwas anderes aus dem Jenseits – vor allem dann, wenn jeweils andere Voraussetzungen für den Eintritt dieses Zustandes zwischen Leben und Tod bestanden. Einheitliche Äußerungen, für deren Existenz wir auch Modesuggestionen verantwortlich machten, konnten ebenso auftreten, wenn nach Nationen oder Erdteilen gefärbte Traditionen im Unterbewußtsein der Menschen so fest verankert waren, daß bei einem Tieferlebnis aus dem Unterbewußtsein ganz ähnliche Bilder durchbrechen konnten.

Man kann also sagen, daß entweder ein streng individuelles Erlebnis in der Schilderung aus dem Munde eines Menschen, der vor dem Tod zum Leben zurückerwachte, den höchsten Anspruch auf Glaubwürdigkeit erheben kann, wobei aber selbstverständlich erwähnt werden muß, daß ein Individualerlebnis niemals die Möglichkeit einer Kontrolle bietet.

Alles andere färbt sich wie bei Visionären mit religiösem Charaker entsprechend den Überlieferungen.

Soll man daraus den Schluß ziehen, daß die Schranke zwischen Diesseits und Jenseits doch durchbrochen werden kann? Wenn auch nur in Ausnahmefällen? Es gab und gibt ohne jeden Zweifel Menschen, die felsenfest davon überzeugt sind, daß sie sich an einen Aufenthalt in einer anderen Welt zurückerinnern. Aber diese Rückerinnerung ist und bleibt persönlich gefärbt und ist somit nicht objektiv, sondern subjektiv.

Schon baut man Geräte, die Gehirnwellen des Menschen auffangen können. Aus Gehirnwellen, deren Schwankungen immer feiner, immer sorgfältiger gemessen werden können, wird man eines Tages an Hand eines Schlüssels Begriffe und Worte herauslesen können. Dann sind wir ein gutes Stück weiter auf dem Wege zur Erforschung objektiver seelischer Vorgänge.

Wir müssen – mit anderen Worten – Gedanken sichtbar machen, Gehirnfunktionen so bildlich darstellen, daß sich aus diesem Bild genau ergibt, was in den Gehirnzellen und damit in der Bewußtseinsfunktion des Menschen, der diesem Experiment unterworfen wird, vorgeht.

Aber natürlich sind auch diese Versuche im besten Fall nur Vorarbeiten bei der Erforschung der Seelenerlebnisse im Jenseits oder auf der Schwelle.

Wir rücken mit diesen Experimenten immer näher an die Wahrheit heran – vorausgesetzt, daß es in dieser Hinsicht eine sogenannte objektive Wahrheit gibt. Denn das Dogma, das das Jenseits in ganz bestimmte Rahmen hineinpressen will, klug durchdachte Lehren, die geschickt dem Menschen eine Bahn weisen wollen, auf welcher er in das Jenseits hineingehen könnte – sind keine Beweise dafür, daß diese Wege richtig sind und der Rahmen, der aus dem Dogma erwuchs, dem standhält, was eines Tages die Forschung dazu sagen wird.

Handelt es sich bei unseren seelischen Erlebnissen, bei unseren geistigen Qualen und bei unserem Suchen nach Wahrheit wirklich nur um Zellfunktionen in der Gehirnrinde, dann können wir mit den Mitteln, die wir heute in der Hand haben – logisch gesehen – nur bis an die Schwelle herankommen und höchstens Tastversuche auf die andere Seite hinüber wagen.

Gibt es aber über die einfache Zellfunktion hinaus – ganz gleich ob in der dritten oder in der vierten Dimension – etwas anderes, was sich nicht in den erwähnten Rahmen der Lehren vom Diesseits und Jenseits pressen läßt, dann fällt der psychischen Forschung, der Parapsychologie, die große Aufgabe zu, von unseren Zellfunktionen im Gehirn ausgehend die Schwelle zu überwinden, die Barriere niederzureißen und jedem, den es angeht und der es wissen will, Gewißheit zu geben über das, was auf der anderen Seite liegt.

Solange die physiologische Forschung mit raffinierten Wellenmessern und die Parapsychologie mit geschickter Überlistung körperlich-geistiger Funktionen zur Erlangung kleiner Gewißheiten des Jenseits noch nicht ihre letzten Ziele erreicht haben, werden wir uns mit der Bescheidenheit, die dem Menschen zu eigen sein muß, der die Endlichkeit unserer Mittel erkennt, mit den Berichten zufriedengeben, die uns dann und wann durch den Mund von Menschen, die auf der Schwelle zwischen hier und drüben standen, zur Kenntnis gebracht werden.

Doch solange wir nicht wissen, was auf der anderen Seite ist, müssen wir – je nach unserer Eigenart und unseren seelischen Bedürfnissen – glauben.

Wir müssen so lange glauben, bis eines Tages vielleicht eine Menschheit, die nach uns lebt, andere Wege erschließt, die aus dem Glauben, aus dem Nichtwissen um das Jenseits die große Gewißheit macht.

Denn wir sehnen uns alle nach dieser Gewißheit. Dies um so stärker, je mehr wir uns Stunde um Stunde, mit jedem Atemzug, dem Grat nähern, von dem aus wir keinen Weg zurück finden können. Denn wir dürfen nicht hoffen, zu den wenigen zu gehören, denen wirklich oder vermeintlich das Schicksal einen Blick auf beide Seiten gab. Wir stehen hier und horchen neugierig hinüber ins Jenseits, aus dem nur dann und wann eine Stimme zu uns herüberdringt, welche nur die zu deuten verstehen, denen die Natur jenes innere Ohr verlieh, das auch da horcht und begreift, wo jene, die nicht zu hören wissen, nur ein dumpfes Raunen vernehmen.

Die Endbilanz:
Der physiologische Mensch nach dem Tode

Es dürfte notwendig sein, abschließend einige grundsätzliche Feststellungen in bezug auf den physiologischen Menschen nach dem Tode zu treffen. Der holländische Physiologe Prof. Dr. R. Engelmann faßt in treffenden Worten die Vorgänge des Lebens und des Todes, von den zahllosen Zellen aus gesehen, wie folgt in wenige Sätze:
»Die Zellen leben zusammen, aber sie sterben getrennt. Das somatische Leben, das Zusammenleben eines vollständigen Organismus in seinen Einzelheiten, kann nur dann existieren, wenn alle Zellgruppen, Gewebe und Organe leben und in voller Tätigkeit sind. Ihr harmonischer Einklang, das Aufrechterhalten ihrer Beziehungen, die strenge Beobachtung ihres gegenseitigen Verhältnisses – sind die Voraussetzungen des Gesamtlebens. Der Körper ist also mit einer Uhr zu vergleichen, deren Räderwerk zerbrochen ist, wenn irgendwo eine Störung ernster Natur auftritt. Das Ganze steht still. Der Tod muß früher oder später eintreten, das heißt der somatische Tod, der Tod des Organismus, nicht aber jeder einzelnen Zellgruppe.«
Es ist verständlich, daß jede Gruppe und Zellordnung leiden muß, sobald das Gleichgewicht zerstört wird. Sie sterben jedoch stufenweise, die einen nach den anderen. Einige Gruppen besitzen größere Widerstandskraft, sie sterben getrennt.
Der Tod tritt zuerst an die Hirnzellen heran, weil diese mehr als alle anderen unter dem Stillstehen des Blutumlaufs leiden. Hier setzen nun die Experimente des Universitätsdozenten Dr. Konstantin Hossmann vom Max-Planck-Institut für Gehirnforschung in Köln-Merheim ein, über die wir ausführlich berichtet haben. Erfolgt keine Wiederherstellung des Blutumlaufs, dann eröffnen diese Hirnzellen an sich den Sterbemarsch der Zellen, ein Marsch, der sich aber, wie man heute weiß, über Stunden hinziehen kann.
Die Muskeln können stundenlang auf künstliche Reizungen reagieren.
Wir sprachen vor vielen Jahren mit Prof. Dr. Henry de Varigny, Paris, über das Thema des Sterbens und des Todes. Er gab uns diese Antwort:

»Für den wissenschaftlichen Beobachter, der fern jeder Romantik vor dem toten Organismus steht, zerstört das Sterben allmählich den sich langsam im Laufe der Jahre gebildeten Körper, es zerstört eine Persönlichkeit, die Jahre gebraucht hat, um ein Mensch zu werden. Es setzt auch, soweit wir es wissenschaftlich beurteilen können, den Begebenheiten ein Ziel, deren Anfang wir wohl gesehen, die aber nicht immer existiert haben.
Da wir über die Möglichkeit einer Fortdauer nach dem Tode keine positi-

ven und sicheren Angaben besitzen und nicht wissen, ob jener Geist mit zerstört wird, welcher mit unserer materiellen Organisation so eng verbunden zu sein scheint und teilweise durch sie bedingt wird, so daß niemand ihren Einfluß leugnen kann, ist es jedem freigestellt, den Glauben anzunehmen, der ihm gefällt und zu dem er sich entschließen kann.

Es ist ihm sogar erlaubt zu glauben, daß der Geist, welcher sich mit dem Körper entwickelt hat, mit ihm stärker und schwächer geworden ist und für dessen Vorleben wir keine Beweise haben, den Körper überleben und ein unabhängiges ewiges Dasein führen kann.

Aber dies alles wird immer nur ein Glaube, eine Hoffnung sein, welche keiner Logik und Beweisführung standhalten kann.

Die Wissenschaft erkennt hier ihre Unzulänglichkeit und hüllt sich in vorsichtiges Schweigen; denn spräche sie, würde sie aus ihrer Rolle treten! Wenn aber mit Fragen bestürmt, sie sich dennoch zu einer Antwort bewegen und ihre Meinung über die Wahrscheinlichkeit der auf Glauben begründeten Ansichten hören ließe, so würden ihre Worte wenig ermutigend klingen.

So ist es jedenfalls klüger, sie gar nicht zu fragen; ihre Pflicht wäre, Illusionen zu zerstören und nicht zu unterhalten. Und gerade hierin liegt ihre Macht, aber auch ihre Schwäche.«

Wir schließen aber mit einem Wort von Arthur Koestler:

»Daß es nur Materie und keinen Geist gebe, ist eine höchst unlogische Behauptung, die von den Erkenntnissen der modernen Physik weit entfernt ist, welche zeigt, daß es Materie in der traditionellen Bedeutung des Begriffs nicht gibt.«

Das ist die andere Seite, auf die wir hinweisen können und die uns zeigt, wie beweglich, wie ungewiß die Grenze zwischen Sein und Nichtsein ist.

Quellenverzeichnis

Das Ägyptische Totenbuch
Otto Wilhelm Barth Verlag GmbH, Weilheim/Obb.

Ist keiner aus dem Jenseits zurückgekommen?
G. Pasquali, Verlag Siegfried Hacker, Gröbenzell b. München.

Erfahrungen
Königin Friederike, Rainer Wunderlich Verlag Hermann Leins, Tübingen und Stuttgart

Leben nach dem Tod?
Nils-Olof Jacobson, Econ Verlag, Düsseldorf und Wien.

Bericht vom Leben nach dem Tode
Arthur Ford, Scherz Verlag, Bern–München–Wien.

Das Tibetanische Totenbuch
Walter-Verlag, Olten und Freiburg im Breisgau.

»Grenzgebiete der Wissenschaft«,
A 6010 Innsbruck, Maximilianstraße 6.

Ferdinand Zahlner
»Kleines Lexikon der Paranormalogie«. Herausgegeben von Prof. Dr. Dr. Andreas Resch, Verlag Josef Kral, Arensberg

Der Traum im Heilsplan Gottes
Andreas Resch, Herder Verlag, Freiburg (vergriffen).

Im Kraftfeld des christlichen Weltbildes
Andreas Resch, Schöningh Verlag, Paderborn

Probleme der Parapsychologie
Andreas Resch/G. Frei, Schöningh Verlag, Paderborn

Welt, Mensch und Wissenschaft morgen
Andreas Resch, Schöningh Verlag, Paderborn

Der kosmische Mensch
Andreas Resch, Schöningh Verlag, Paderborn (in Vorbereitung)

Knaur ®
Taschenbücher

Esoterik

Aeppli, Ernst:
Der Traum und seine
Deutung
416 S. Band 4116

Arnold, Paul:
Das Totenbuch der
Maya
256 S. mit 8 Abb.
Band 4121

Blumrich, J. F.:
Kásskara und die
sieben Welten
Die Geschichte der
Menschheit in der
Überlieferung der
Hopi-Indianer.
400 S. mit 24 Abb.
Band 4135

Bernstein, Morey:
Protokoll einer
Wiedergeburt
288 S. Band 4114

Brunton, Paul:
Von Yogis, Magiern
und Fakiren
368 S. mit 12 S. Tafeln.
Band 4113

Cerminara, Gina Dr.:
Erregende Zeug-
nisse von Karma
und Wiedergeburt
288 S. Band 4111

Dee, Nerys:
Schicksalsdeutung
aus den Karten
Kartenlegen kann
Lebenshilfe im besten
Sinne des Wortes
bieten. Nerys Dee
beschreibt für jeden
verständlich die
gebräuchlichsten Lege-
systeme.
192 S. mit zahlr. Abb.
Band 4137

Der Eingeweihte:
Impressionen einer
großen Seele.
252 S. Band 4133

Delacour, Jean-
Baptiste:
Aus dem Jenseits
zurück
143 S. Band 4103

Deshimaru-Roshi,
Taisen:
Zen in den Kampf-
künsten Japans
Deshimaru-Roshi
demonstriert, wie die
Kampfkünste zu
Methoden geistiger
Vervollkommnung
werden.
192 S. mit 19 s/w-Abb.
Band 4130

Dowman, Keith:
Der heilige Narr
224 S. mit 1 Karte
Band 4122

Faraday, Ann:
Die positive Kraft
der Träume
267 S. Band 4119

Ferguson, Marilyn:
Die sanfte
Verschwörung
Persönliche und gesell-
schaftliche Trans-
formation im Zeitalter
des Wassermanns. Mit
einem Vorwort von
Fritjof Capra.
528 S. Band 4123

Ford, Arthur:
Bericht vom Leben
nach dem Tode
240 S. Band 3636

Hagl, Siegfried:
Die Apokalypse als
Hoffnung
432 S. Band 4118

Keller, Werner:
Was gestern noch
als Wunder galt
432 S. mit 115 Abb.
Band 3436

Kirchner, Georg:
Pendel und
Wünschelrute
Handbuch der
modernen
Radiästhesie.
336 S. mit 50 s/w-Abb.
Band 4127